Der Main

Von den Quellen bis zur Mündung

MOENUS

Der Main

Von den Quellen bis zur Mündung

Fotos von Wolfgang Lechthaler · Text von Arno Kappler

Societäts-Verlag

Abbildung Schutzumschlag:
Der Main bei Karlstadt.

Frontispiz:
Der Maingott „Moenus“ an der Auffahrt zur neuen Brücke in Lohr (Foto: Jörg Emich).

Die Fotos auf den Seiten 32 (rechts unten), 33 und 104 (oben) stammen von Arno Kappler.

Die Fotos auf den Seiten 54 und 56 (oben) stellte freundlicherweise das Fremdenverkehrsamt Würzburg zur Verfügung.

Die Deutsche Bibliothek - CIP-Einheitsaufnahme
Der Main: von den Quellen bis zur Mündung / Fotos von Wolfgang Lechthaler.
Text von Arno Kappler. - Frankfurt am Main: Societäts-Verl., 1993
ISBN 3-7973-0545-1
NE: Lechthaler, Wolfgang; Kappler, Arno

2. Auflage 1995

Gestaltung und Satz: Peter Lenz, Wiesbaden
Lithographien: Artcolor Verlagsservice, Hamm
Druck: Societätsdruck, Frankfurt/Main
Printed in Germany 1995
ISBN 3-7973-0545-1

Inhalt

1283

Ad moenum amoenum

Es steht jedem frei, wie er das alte Sprichwort „Ad moenum amoenum" übersetzen will, das wohl – wie Morgensterns Wiesel auf dem Kiesel – des Reimes wegen entstanden ist. Dies ändert allerdings nichts an der Tatsache, daß wörtliche Zufälligkeit und reale Gegebenheit bei der freundlichen Weltgegend des Mains übereinstimmen: Am Main ist's angenehm. Hier kann man es aushalten; die barocken Nürnberger Pegnitz-Schäfer hätten ohne weiteres auch die Gestade des Mains zum Locus amoenus ihrer Hirtengedichte erwählen können. Hier stimmt alles: Wenn nicht gerade Hochwassernot herrscht, fließt der Main in geordneten Bahnen von den Quellen bis zur Mündung. Menschlich gesprochen, ist er eine Persönlichkeit mit dezentem Charme. Nichts ist zu spüren von dem bombastischen Gehabe des Rhein-Stromes oder der Anerkennung heischenden Diva namens Mosel; der Main macht von sich kein Aufhebens. Seine vielfältigen Schönheiten gibt er unterschwellig preis; der Kenner weiß sie desto höher zu schätzen.

Die Römer nannten den Fluß „moenus", die Kelten „moin", wie es auch in der Würzburger Marktbeschreibung von 779 heißt. Auch vom „mogonus" war im Mittelalter die Rede. „Maa" wird er heute mundartlich am Oberlauf genannt, „Mee" im fortgeschrittenen Alter; die Leute am Unterlauf rufen ihn „Moi". Die Frankfurter nennen ihn despektierlich – oder vielleicht auch liebevoll, wenn man will – „de Bach" und seine Gestade liegen „hibbdebach" oder „dribbdebach". Geographisch folgt er ungefähr dem 50. Breitengrad, preußischer Humor nennt ihn den „Weißwurstäquator". Sein Wassereinzugsgebiet beträgt rund 27000 Quadratkilometer, jährlich wälzt er sechs Milliarden Kubikmeter Wasser dem Rhein zu.

Ordnung muß sein am Main: Bis Bamberg spricht man vom Obermain (der bekannte Bausand muß allerdings nicht unbedingt von hier stammen), der Mittelmain ergießt seine Wässer im Drei- und Viereck bis Aschaffenburg. Dann folgt an Frankfurt vorbei der Untermain.

Der Main hat vor Zeiten einen anderen Lauf genommen als heute. Erwiesen ist, daß er vor Millionen Jahren nach Süden, zur Donau hin geflossen ist. Erst mit der Alpenauffaltung wurde sein Bett nach Westen gedrängt; als einziger Fluß in Deutschland fließt er von Osten nach Westen. Vor der Schiffbarmachung und der damit erzwungenen Korrektur war er ein mäandernder, flacher Fluß, der oft breit und träge dahinfloß; an den Ufern gab es Auwälder und sumpfiges Gelände, im Flußbett Hungersteine. Der König-Ludwig-Kanal brachte mit Längs- und Querdämmen die ersten Maßnahmen zur Regulierung. Aber auch die heutigen Staustufen können den Main nicht völlig zähmen: Das Hochwasser fließt nach wie vor reißend zu Tal und überflutet, was immer sich ihm in den Weg stellt. Viele Hochwassermarken zeugen davon; am schlimmsten ist die Wassernot 1784 und 1882 gewesen. Noch heute gibt es viele Altwässer am Main, der sich auf weite Strecken sein Bett eher zufällig gegraben zu haben scheint, dazu Inseln größeren und kleineren Formats.

Fundstücke belegen, daß das Tal des Mains schon in der Steinzeit besiedelt war. Waffen aus bearbeiteten Mainkieseln dienten damals offenbar besonders gut ihren Zwecken. Auch aus anderen Epochen hat man viele Gegenstände gefunden, Silbermünzen zum Beispiel, die auf Fernhandel hindeuten. Um 400 v. Chr. setzten sich die Kelten in einer 50 Hektar großen befestigten Anlage auf dem Staffelberg fest. Natürlich haben auch die Römer am Main ihre Spuren hinterlassen; der „Nasse Limes" folgte dem Flußlauf von Großkrotzenburg bis Miltenberg. Die meisten Orte wurden in den Jahren 530 bis 700 gegründet, als die von Westen her eingewanderten Franken sich hier ansiedelten. Sie gaben dem Gebiet den Namen. 741 gründete der Angelsachse Bonifatius, der „Apostel der Deutschen", das Bistum Würzburg; Bamberg folgte als Gründung von Kaiser Heinrich II. erst 1007. Bald danach begann der Aufbau des Herrschaftsgebietes derer von Andechs-Meranien mit Kulmbach als Residenz. Ihr Aussterben ging einher mit der zugleich geistlichen und weltlichen Herrschaft der Hochstifte von Würzburg und Bamberg, von denen die Landschaft bis heute geprägt ist. 1372 erlangte Frankfurt, bevorzugte Pfalz Ludwigs des Deutschen, Krönungsort der deutschen Könige, den Status einer freien Reichsstadt. Einen Einschnitt in die kontinuierliche Entwicklung brachten die Bauernkriege von 1524–25; Florian Geyer – seine „schwarzen Haufen" sind durch das Land gezogen – und Ritter Götz von Berlichingen waren die bekanntesten Anführer. Schweden beherrschte das Land im Dreißigjährigen Krieg. Noch vor seinem Ende ergriffen die Schönborns das absolutistische Ruder am Main, ihr Vorbild war Ludwig XIV., der „Sonnenkönig". Säkularisierung und Reichsdeputationshauptschluß schufen zu Beginn des 19. Jahrhunderts Klarheit zwischen Kirche und Staat; der Wiener Kongreß schlug die wesentlichen Main-Gebiete Bayern zu. Der Preußisch-Österreichische Krieg von 1866 sah Mainfranken als Schauplatz; es gab indessen keine wesentlichen Gebietsveränderungen. In unserem Jahrhundert hat der Zweite Weltkrieg auch den Main nicht verschont: Vor allem Frankfurt, Aschaffenburg, Würzburg, Gemünden und Schweinfurt wurden Opfer der Bomben. 1945 wurde das Land der amerikanischen Besatzungszone zugeschlagen.

Die bis heute nachwirkende kulturelle Prägung hat das Land am Main in weiten Teilen durch die Familie Schönborn erfahren. Die Schönborns stammen wahrscheinlich aus dem gleichnamigen Ort in der Nähe von Limburg an der Lahn und sind 1284 zum erstenmal sicher nachweisbar. Das Haus teilte sich in mehrere Linien, von denen viele ohne Bedeutung blieben. Erst mit Johann Philipp (1605-1673) begann die europäische Wirkung der Schönborns. Er wurde nach seinem Jurastudium Domherr in Würzburg und Mainz, 1642 Bischof in Würzburg, 1647 Erzbischof und Kurfürst von Mainz. Am Zustandekommen des Rheinbundes von 1658 war er maßgeblich beteiligt, baute die Festung Mainz aus und schaffte als erster geistlicher Landesherr die Hexenprozesse ab. Er gründete indessen auch die Tradition, den Mitgliedern seines Hauses „Pöstchen" zu verschaffen.

Sein Neffe, Lothar Franz von Schönborn (1655-1729) wurde 1693 Bischof von Würzburg und 1695 Erzbischof von Mainz und damit Erzkanzler des deutschen Reiches. 1701 wurde er in den Reichsgrafenstand erhoben. Er krönte Kaiser Karl VI. in Frankfurt. Sein Interesse galt weniger geistlichem Wirken, dafür um so mehr prunkvollen Bauten; „Vater des fränkischen Barock" hat man ihn deshalb genannt.

Friedrich Carl von Schönborn (1674-1746), Neffe von Lothar Franz, war Bischof von Bamberg und Würzburg und wurde 1705 Reichsvizekanzler. Während seiner Regierungszeit wurde die Würzburger Residenz vollendet.

Damian Hugo von Schönborn (1676-1743), ein weiterer Neffe von Lothar Franz, trat in den Deutschen Orden ein, war kaiserlicher Legat in Berlin und 1713-15 Präsident des zur Beendigung des Nordischen Krieges zusammengetretenen Braunschweiger Kongresses. 1715 zum Kardinal ernannt, wurde er 1719 Bischof von Speyer, 1740 auch von Konstanz. Er verlegte seine Residenz nach Bruchsal. Geistli-

ches Ziel war die Durchsetzung der auf dem Konzil von Trient beschlossenen kirchlichen Reformen.

Franz Georg von Schönborn (1682–1756), auch er Neffe von Lothar Franz, wurde 1729 Erzbischof von Trier, 1732 dazu Bischof von Worms und Ellwangen. Er tat sich als Förderer der Wissenschaften und – wie alle Schönborns – der zeitgenössischen Architektur hervor.

Einen Vorgänger von gleichem Karat hatte er in Julius Echter von Mespelbrunn (1545–1617), seines Zeichens Fürstbischof und mit Hilfe der Jesuiten Förderer der Gegenreformation, der 1582 die Julius-Maximilians-Universität in Würzburg gründete und das Julius-Spital. Man spricht am Main vom Juliusstil und von der Echterhaube bei Kirchtürmen.

Der bevorzugte Architekt der Schönborns war Balthasar Neumann (1687–1753). In die Kunstgeschichte ist er als der bedeutendste Architekt des deutschen Spätbarock und Rokoko eingegangen. Sohn eines Tuchhändlers aus Eger, erlernte er das Glocken- und Geschützgießerhandwerk und erwarb den Lehrbrief als Feuerwerker. Die Architektur eignete er sich eher autodidaktisch an. In Würzburgischem Dienst wurde er zum Ingenieurhauptmann ernannt. Studienreisen führten ihn nach Wien, Mailand und Paris. 1719 begann er mit der Planung der Würzburger Residenz; an der Bauausführung (Rohbaufertigstellung 1744) arbeitete er bis zu seinem Tod mit. Die Hofkirche (1732–41) und das zum Kaisersaal führende zweiläufige Treppenhaus gehören zu seinen Würzburger Meisterwerken. Von ihm stammen auch die Wallfahrtskirche Mariae Heimsuchung auf dem Nikolausberg (1748/49), allgemein nur „Käppele" genannt, und die Schönbornkapelle am Dom, darüber hinaus zahlreiche Wohn- und Geschäftshäuser in der Stadt sowie der ehemalige Domherrenhof. Treppenhäusern galt sein besonderes Interesse, so entwarf er u. a. das in der Bruchsaler Residenz von 1731–32, das im Schloß Brühl bei Köln (1743–48) und die Heilige Stiege der Wallfahrtskirche auf dem Kreuzberg in Bonn (1746–51).

Im Schönbornschen Dienst war Neumann nicht nur in Franken, sondern auch im Rheinland tätig. In Koblenz zum Beispiel erbaute er die „Schönbornwerke" der Festung Ehrenbreitstein und das unterhalb im Rheintal gelegene Dikasterialgebäude. Das nördlich von Koblenz auf freiem Feld errichtete Schloß Schönbornslust, erstes Refugium des französischen Adels nach der Großen Revolution (man nannte es „Klein-Versailles"), wurde von den französischen Revolutionsheeren demoliert und 1806 ganz abgerissen. Auch die Pläne der ersten Koblenzer Wasserleitung stammen von ihm.

Zahlreiche Kirchen wurden auf dem Reißbrett von Balthasar Neumann geplant. Die berühmteste ist die Basilika „Vierzehnheiligen" bei Lichtenfels am Main (1743–72). Von besonderer Schönheit sind auch die Pfarrkirche von Wiesentheid (1727–32), die Wallfahrtskirche in Gößweinstein (1730–39), die St.-Paulin-Kirche in Trier (1734–57), Sankt Peter in Bruchsal (1738) und die Abteikirche von Neresheim (1747–92). Ein Kleinod ist der letzte Kirchenbau von Balthasar Neumann, die Wallfahrtskirche Maria Limbach zwischen Eltmann und Sand am Main (1751–55).

Neumanns Grab ist in der Marienkapelle am Würzburger Markt. In einer zeitgenössischen Chronik, die von seinem Begräbnis berichtet, heißt es: „Ein mann wegen vieler seiner ganz besonderen Eigenschaften würdig eines längeren Lebens. Er war geliebt von grosen Chur- und fürsten wegen seiner Kunst und grosen Erfahrnus in der Architectur... geliebt und geachtet von Jedermann wegen seinen leuthseligen umbgang und christlichen Lebenswandel; sein leuthseliges wesen machte ihn jedermann günstig..."

Neumann an Schöpferkraft kongenial war Tilman Riemenschneider, Bildhauer in Stein und Holz, um 1460 geboren und 1531 in Würzburg gestorben. Er verbrachte seine künstlerischen Lehrjahre am Oberrhein (Einfluß von Martin Schongauer) und in den Niederlanden und kam 1483 nach Würzburg. Ab 1485 Meister, gründete er eine eigene Werkstatt und war von 1504 an Mitglied des Stadtrates, 1520/21 Bürgermeister. 1525 wurde er wegen Unterstützung der aufständischen Bauern gefangengenommen und gefoltert. Er verstand sich selbst als Handwerker, wobei er seinen nuancenreichen spätgotischen Stil unter Berücksichtigung des Lichteinfalls immer mehr vom Individuellen zum Ideal-Schönen entwickelte, so beim Rothenburger Heiligblutaltar (1501–05), beim Grab für Kaiser Heinrich II. und seine Frau Kunigunde im Bamberger Dom (1499–1513) oder beim Beweinungsretabel in der Pfarrkirche in Maidbronn (1520–22). Sein letztes großes Werk ist die Holzplastik „Madonna im Rosenkranz" in der Wallfahrtskirche „St. Maria im Weingarten" bei Volkach am Main, mitten in ausgedehnten Wingerten gelegen.

Für den Wein ist das Gestein am Main sehr förderlich: Urgestein, Keuper, Muschelkalk und Buntsandstein, auf denen in den Ebenen meist Löß und Sand aufliegt. Mit Stolz preisen die Winzer ihre Verwitterungsböden, während der Geologe das fränkische Schichtstufenland gleichsam wie ein Buch aufgeblättert vor sich sieht. Der Staffelberg ist dabei der Bestseller: Vom Opalinuston-Sockel schwingt er sich über die Eisensandsteinstufe und die Ornatenton-Verflachung und weiter die Werkkalk-Stufe bis zur Massendolomitstufe in 539 Metern Höhe empor. Als Baumaterial bekannt ist vor allem der rote Sandstein vom Main, wie er früher in den Steinbrüchen am Main oberhalb von Miltenberg in großem Stil gebrochen wurde. Die Dome von Frankfurt und Mainz zum Beispiel und viele Mainbrücken sind aus diesem Baumaterial erbaut.

Stein prägt auch das Gesicht der Städte und Dörfer am Main, die fast alle ihren wehrhaften mittelalterlichen Charakter bewahrt haben und ihn im Interesse der Touristen heute wieder besonders pflegen. Mauern, Türme und Tore werden prächtig herausgeputzt, die alten Rathäuser – für die ausufernde Bürokratie von heute natürlich längst zu klein und irgendwo im verborgenen ergänzt – präsentieren ihre Schaufassaden mit Treppen- oder Volutengiebeln, die Kirchen versuchen sich an herrlicher Barock- oder Rokokoarchitektur zu übertreffen. Und von allem gibt es reichlich. Reichlich Kirchen und Klöster, reichlich Burgen und Schlösser, Gärten, Parks, Marktplätze, Bürgerhäuser, so daß sich bei der Erinnerung Zweifel einstellen können: Wo steht der Bunte Turm? Wo liegt die Ruine Scherenburg? „Maria im grünen Tal"?

Der Main hat nicht nur auf kulturellem Gebiet allerhand zu bieten. Jagdgebiet war er schon immer, nicht erst seit den Bamberger, Würzburger und Mainzer Fürstbischöfen. Die Büchse wurde und wird angelegt auf Hoch- und Schwarzwild und auf gefiederte Zeitgenossen aller Art, Wildenten, Reb- und Auerhühner. Singvögel geben allenthalben ihr Konzert; der Spessart nennt sich nach einem von ihnen. Wo wenig Pestizide verwendet werden, schwirren Schmetterlingsschwärme dem Wanderer zur Freude; zum Leide des Winzers dienen andere Schwärme: die Stare zur Herbsteszeit.

Neben ordinären, aber bezaubernd schönen Gewächsen wie dem gelben Ginster und den blauen Lupinen verwöhnen Märzbecher, roter Fingerhut, hellrote Lichtnelke, blauer Seidelbast und die Silberdistel das Auge. Wer kennt einen schöneren und natürlicheren Duft als den des jungen Seidelbasts? Wer kennt eine größere Erfrischung, als an einem stillen, ganz frühen Sonntagmorgen im ersten Sonnenlicht einen taunassen Spessartweg entlangzuwandern, oder einen im Fichtelgebirge?

Heiße Sommer gibt es und kalte Winter, Kontinentalklima bei einer mittleren Jahrestemperatur von neun Grad Celsius. Der Niederschlag hält sich in Grenzen, dafür geizt die Sonne im Interesse eines guten Weines hier keineswegs: Neben Freiburg im Breisgau weist Würzburg die längste jährliche Sonnenscheindauer in Deutschland auf.

Wo Wasser fließt, gilt es, von einem Ufer zum anderen zu gelangen. Ortsnamen wie Frankfurt, Ochsenfurt, Schweinfurt und Haßfurt zeigen, wie man dies zunächst bewerkstelligte: auf Felsbarrieren, die manchmal sogar gepflastert waren (zum Beispiel bei Urphar). Die trockenere Möglichkeit war, den Fluß mit Booten oder Fähren zu überqueren, von denen heute nur noch wenige immer wieder die große Reise von Ufer zu Ufer antreten. 1791 sind auf einer Karte des Würzburger Hochstifts 34 Fähren verzeichnet. Mit dem Brückenbau in großem Stil begann man am Ende des

vergangenen Jahrhunderts. Holzbrücken hatten schon die Römer errichtet, und auch im Mittelalter gab es einige davon. Die ältesten Steinbrücken überspannten in Würzburg, Aschaffenburg und Frankfurt den Strom. Die Würzburger Brücke stammt aus dem 12. Jahrhundert, Reste der ursprünglichen Substanz sind stadtseitig erhalten. Zur Zeit des Barock wurde sie mit 12 Heiligenfiguren geschmückt, unter ihnen natürlich der Brückenheilige Sankt Nepomuk. Die verwitterten Figuren ersetzte man um die Jahrhundertwende durch neue.

Überquerte man in früheren Zeiten den Fluß auf der schwankenden, unsicheren Brücke, mußte der Flußgott besänftigt werden, damit er die Wasser im Zaum hielt. Man warf Münzen und andere Opfergaben ins Wasser. Der für den Main zuständige Gott hieß selbstverständlich Moenus, heute figürlich dargestellt zum Beispiel an der Auffahrt zur neuen Mainbrücke von Lohr.

Wo Wasser fließt, gibt es meist auch Bewohner dieses feuchten Elementes. Im Main waren sie in Art und Anzahl durch Industrie- und andere Abwässer in den sechziger bis achtziger Jahren streckenweise fast ausgestorben. Nach dem Bau von Kläranlagen und weiteren Maßnahmen zum Gewässerschutz schwimmen heute wieder zahlreiche Fische im Main, zum Beispiel Hecht, Zander, Karpfen, Schleie, Aal, Forelle, Rotauge, Rotfeder, Brachse, Nase, Gründling, Barsch, Döbel, Wels, Äsche, Schneider.

Populär war in früheren Zeiten das Fischerlied von Johann Bürkli, dessen erste Strophe feststellt (und auf Folgen schließen läßt):

„Ein armer Fischer bin ich zwar,
verdien' mein Geld stets in Gefahr,
doch wenn fein's Liebchen am Ufer ruht,
dann geht das Fischen noch einmal so gut."

Das frühere Fischerhandwerk, im Mittelalter zu Zünften zusammengeschlossen, ist längst ausgestorben; es gibt noch einige Nebenerwerbsfischer und natürlich zahllose Hobbyangler.

Wo Wasser fließt, gibt es Wasserfahrzeuge aller Art: angefangen bei Einbäumen, später römischen Flußschiffen. Karl der Große war mit dem Schiff auf dem Main unterwegs, Barbarossa sicherte die Treidelschiffahrt auf dem Main und hob die Zölle am Fluß auf, die aber sehr bald im Abstand von rund zehn Kilometern wiedereingeführt wurden. Tückisch war der Fluß für die Schiffer, oft führte er zuviel, dann wieder zuwenig Wasser, so daß er versandete und man die Fahrrinne freigraben mußte. Weinfässer, Tuche und allerlei Stückgut wurden in Tonnen mainaufwärts mit Pferde-, Ochsen-, manchmal sogar auch mit Menschenkraft getreidelt. Wohlhabend waren die Orte, die Stapelrecht besaßen und die Waren per Kran (von menschlicher Muskelkraft angetrieben) an Land hievten. Mainabwärts ging es mit dem Segel, die Ladung bestand aus

Holz, Metallen aus der Oberpfalz, Salz und vielen anderen Waren. „Schelch“ hießen die flachen Schiffe am Main, deren Lenker erleichtert aufatmeten, wenn sie die „Rennfurt“, den einen Kilometer langen Abschnitt zwischen Dettelbach und Albertshofen ohne Schaden hinter sich gebracht hatten: Auf dieser Strecke betrug das Gefälle vor der Regulierung des Mains einen Meter.

Flöße gab es bis in die fünfziger Jahre. Mancher Baum aus Frankenwald und Spessart endete unter Tage in einer Grube des Ruhrgebietes.

Die aufkommende Dampfschiffahrt machte auch vor dem Main nicht halt. Für sie wurde eine Fahrrinne gegraben. In den achtziger Jahren des vergangenen Jahrhunderts dampften die „Mainkühe“. Auf den Grund des Flusses hatte man eine mächtige Stahlkette gelegt, die von der Mündung zuerst bis Miltenberg, dann bis Bamberg reichte. Die Kette wurde auf dem Schlepper um Trommeln gezogen, die von der Dampfmaschine gedreht wurden. An der Kette liegend, hangelte man sich stromauf oder -ab und zog sechs bis acht Lastkähne nach.

Der lange Zeit politisch umstrittene Rhein-Main-Donau-Kanal, die europäische Wasserstraße von heute (mit 15 Staustufen auf 153 Kilometern), hat weit in die Geschichte zurückreichende Vorgänger. Schon Karl der Große versuchte eine Verbindung zwischen Main und Donau herzustellen. 793 begannen auf seinen Befehl hin die Arbeiten an der „Fossa Carolina“ zwischen Altmühl und Rezat. Rund 1300 Meter davon sind bei Graben/Treuchtlingen bruchstückhaft erhalten. Der Kanal war als Weiherkette geplant und sollte die Truppenbewegungen beschleunigen. Wegen widriger Bodenverhältnisse wurde das Unternehmen sehr bald aufgegeben.

Ein Jahrtausend später ließ Ludwig I. von Bayern 1836–45 den bald nach ihm benannten Ludwigskanal zwischen Main und Donau graben, der zwischen Dietfurt und Helheim die Altmühl nutzte und bis 1945 in Betrieb war. Die Schiffe mußten 101 Schleusen mit einem maximalen Hub von vier Metern passieren. 1921 wurde die Rhein-Main-Donau AG zur Regulierung des Flusses gegründet. Zur Großschiffahrtsstraße wurde der Main von Aschaffenburg aus ab 1926 ausgebaut. Auf der 165 Kilometer langen Strecke bis Würzburg gibt es 13 Staustufen, 14 sind es auf den 132 Kilometern bis Bamberg (Ausbau 1938–62). Der Main-Durchstichkanal von Gerlachhausen nach Volkach-Astheim verkürzt die Schiffahrt um sechs Kilometer.

Heute beherrschen gewaltige Schubschiffe und Frachter den Fluß, und während der Saison geben sich große und kleine Musikdampfer, noble Yachten und schwankende Gummiboote ein Stelldichein.

Grillplätze, Reiten und Kutschfahrten, Wassersport aller Art, Rundwanderwege und -flüge, Kegeln, Bowling: Herz des Touristen, was begehrst du mehr? Schiffahrten? Ja. Museen? Ja. Volksfeste? So viele, daß man sich nur sehr schwer daraus erretten kann. Die Wahl wird zur Qual; auf alle Fälle ist indessen garantiert, daß man am Main – sucht man Gemütlichkeit – bald in einen Vergnügungsstreß hinein-

gerät, den man nur bei extremer Belastbarkeit durchsteht oder aussitzt. Vom Schwanz des Jahres her aufgezäumt, gibt es die Weihnachtsmärkte, auf denen man alles findet, was man zum Fest aller Feste nötig haben zu glauben meint. Erlebt hat man zu dieser Zeit die Weinfeste, die Erntedankfeiern, die Heimatfeste, die vielfältigen Kirmes-Feiern, die Mai- und Ostermärkte, die Blütenfeste, die Fastnacht... aber keine Aufregung: Im kommenden Jahr wird alles noch feierlicher, noch schöner, besser, humorvoller, gemütlicher, weinseliger, umsatzträchtiger, steuernbringender, es sei denn, im allgemeinen Festgewusel läßt sich kein Termin mehr für eine persönliche Feier unterbringen, wie dies mancher Mainanrainer errötend zugestehen muß. Fremd feiern ist indessen besser als gar nicht feiern, und so haben sich inzwischen besondere Schwerpunkte herausgebildet. Das Würzburger Kilianifest zum Beispiel zieht Anfang Juli Tausende in die Bischofsstadt, und die Miltenberger zelebrieren alljährlich vom letzten Wochenende im August bis zum ersten Sonntag im September ihre Michaelis-Messe, das größte Volksfest weit und breit, bei dem zum Abschluß natürlich ein Brillantfeuerwerk nicht fehlen darf.

Gerne folgt man auch den liebevoll vorgezeichneten Straßen, die Orte besonderen, gleichartigen Interesses wie an einer Perlenschnur aufreihen: Die „Bocksbeutelstraße" lädt auf vier verschiedenen Routen ein, sich am Weingenuß aus der eigenwilligen Flasche Genüge zu tun, die „Deutsche Barockstraße" läßt den Kenner ehrfürchtig erschaudern ob soviel Pracht und Herrlichkeit. Die Kirchen im katholischen Land am Main sind in der Tat wunderschön, man besucht sie indessen mehr als touristische Landmarken, weniger ihres eigentlichen Zwecks wegen. Heute fällt es fast schwer zu glauben, daß die Kirchen nicht wegen der Touristen erbaut worden sind. Und auch nicht für Sachverständige in Sachen Architektur oder Kunstgeschichte. Wallfahrten, Prozessionen, Segnungen, Kirchenkonzerte gibt es nach wie vor, indessen nicht als touristische Spektakel, sondern als sichtbarer Ausdruck des Glaubens und der Frömmigkeit.

Wer jetzt meint, der Main sei in seinem ganzen Lauf eine einzige Idylle, sieht sich bald gründlich getäuscht. Im Gegensatz zu Rhein und Mosel ist das Land an diesem Fluß durchaus auch ein Industriegebiet. Die Gegensätze von unberührter Natur und bombastischer Industriearchitektur sind gewaltig: Fährt man am Karlstadter Zementwerk vorbei (oder besser: durch es hindurch), kann man kaum glauben, 500 Meter weiter auf eine Kleinstadtidylle zu stoßen. Schiffbau hat es zu allen Zeiten am Main gegeben (wie das Wörther Museum dokumentiert) und gibt es zum Beispiel in Erlenbach auch heute noch. Kraftwerke verwandeln an fast allen Staustufen Wasserkraft in Energie. Die Kernkraftwerke von Grafenrheinfeld und Kahl nutzen das Mainwasser zur Kühlung. Die Stadt Schweinfurt wird mit ihren Kugellagerfabriken meist in einem Atemzug genannt; böse Zungen behaupten, die Zuckerindustrie habe sich am Main nur angesiedelt, damit der Wein genießbar werde. Papierindustrie gibt es hier, Chemiewerke, Textilien werden hergestellt, Baustoffe, Düngemittel... Der Name Hoechst spricht für sich. Kein Wunder, daß der Main – obwohl in den letzten Jahren große Anstrengungen gemacht wurden, diesen Zustand zu ändern – noch immer große Belastungen von Stoffen über sich ergehen lassen muß, die eigentlich nicht in ihn hineingehören. Allerdings ist hier die Besserung nicht nur gut, sondern unaufhaltsam.

Herzhaft sind die Speisen am Main, und man ißt ausgiebig und mit Hingabe. Gegen 130 Wurstsorten hat man gezählt, unter ihnen Spezialitäten wie das Rot- und Weißgelegte, Speck- und Griebenwurst, die gerne als Vesper zusammen mit Bretzeln oder den vielgestaltigen und aus besten Rohstoffen komponierten Brot- und Brötchensorten verspeist werden. Ist größerer Hunger zu stillen, macht man sich über einen Schweinebraten, ein Schäufelchen oder eine Haxe her, umzingelt von je nach Landstrich individuell zubereitetem Sauerkraut und Knödeln bzw. Klößen, versteht sich, zu finden auf jeder Speisekarte der zahllosen Gaststätten am Main. Ihre Namen leiten sich oft vom Strom und allem, was damit verbunden ist, her: „Goldener Anker", „Mainlust", „Zum Karpfen", „Kette", „Schwan" oder ähnlich hygrophil lauten sie. Die einfachen, herzhaften Gerichte schmecken überall gut, ob das Etablissement nun von den einschlägigen Restaurantführern Mützen oder Kochlöffel zuhauf verliehen bekommen hat oder es sich um einen Winzerausschank handelt: Meist kommt es ohnehin nur auf die Gesellschaft an, mit der man das Vergnügen hat. Dann darf's auch ein Tellerfleisch mit Meerrettich sein oder zur Abwechslung Teigwaren in allen Ausfertigungen. Regionale Spezialitäten sind zum Beispiel die schweinerne Schweinfurter Schlachtschüssel und die Sulzfelder Meterbratwurst – wer mehr als einen schafft, erißt sich ein Diplom.

Nicht als Meterware gibt es die „Blauen Zipfel", die in einem Gewürzsud aufgekocht werden und warm, mit Zwiebelringen garniert, auf den Tisch kommen. Jeder frisch vom Metzger aus dem Ofen gezogene Leberkäse ist ein Individuum. Der Weingenuß wird gerne mit

einem Camembert, angemacht, nein veredelt mit Butter, Zwiebeln und Gewürzen, auf Schwarzbrot angereichert, „Gerupfter", wie er in Würzburg heißt. Natürlich müssen die Kräuter frisch sein; man erhält sie vorzugsweise auf den zahlreichen Wochenmärkten. Was wäre Frankfurt ohne seine „Grüne Soße"?
Wenn's festlich zugeht, wird Fisch serviert, der wohl auch aus dem Main stammt, aber eher in Anstalten an den nahen Bachläufen gezüchtet wird. Der Spessart liefert erlesenes Wild. Herrscht dann auch noch Spargelzeit am Main, ist nur das Wort „schwelgen" eine angemessene Bezeichnung im Hinblick auf die Nahrungsaufnahme.
„Probieren geht über studieren": Der Wein begleitet den Main von Eltmann (stromab von Bamberg gelegen), wo die Bocksbeutelstraße beginnt, mit einer großen Unterbrechung um Frankfurt bis zur Mündung bei Hochheim. Im fränkischen Teil des Mains gibt es drei große Bereiche mit 19 Großlagen und 211 Einzellagen, wie der „Deutsche Weinatlas" ausweist. Im „Steigerwald" wachsen auf Keuperverwitterungsboden erdig-würzige Weine; im Maindreieck herrscht Muschelkalk mit tiefgründigen Löß- und Lehmböden; im Mainviereck Verwitterungsböden von Urgestein und Rotsandstein. Die vorwiegend angebauten Traubensorten sind: Müller-Thurgau, Silvaner, Riesling, Bacchus, Kerner, Scheurebe und einige andere auf rund 5000 Hektar Anbaufläche. Es überwiegt ganz eindeutig der Weißwein, der zumeist trocken oder halbtrocken ausgebaut wird. Auf nur 186 Hektar werden rote Traubensorten angepflanzt. Die meisten Winzer haben sich zu Genossenschaften zusammengeschlossen; es gibt indessen noch genügend Selbstvermarkter, die zur Kellerprobe einladen und gerne dafür sorgen, daß anschließend manches Auto hecklastig einherfährt.
Über die Herkunft der Bocksbeutelflasche (und über ihren Namen) ist viel gerätselt worden. Nicht lange darüber nachdenken können die Winzer selbst, denn die unrunde Form erlaubt nur sehr spärlich den Einsatz von Maschinen, Handarbeit ist unerläßlich. Die Flachkugelflasche gab es in dieser Gegend, wie ein Fundstück im Mainfränkischen Museum Würzburg ausweist, bereits vor 3500 Jahren. Nur in Franken (von vier Gemeinden um Tauberbischofsheim abgesehen, die früher zum Würzburgischen Besitz gehörten) darf sie in Deutschland verwendet werden und ist damit Erkennungs- und Qualitätszeichen für den Frankenwein, der allerdings auch in Literflaschen abgefüllt wird. Zahlreiche Weinbaugemeinden erklären auf Weinlehrpfaden durch die Wingerte die Arbeiten, die im Wechsel der Jahreszeiten nötig sind, sowie die angepflanzten Rebsorten.
Aber nicht nur Wein wird am Main getrunken, sondern auch viel Bier. Das Pilsener ist die bevorzugte Sorte am Untermain, Bamberg bietet seine Spezialität Rauchbier an, ein aus geräuchertem Malz gebrautes, obergäriges Bier, und der Name Kulmbach spricht für sich. Nicht zu vergessen schließlich der Ebbelwei, ohne den ein echter Frankfurter nicht leben kann.
Über die Jahrhunderte hat der Rhein eine Unzahl literarischer Werke hervorgerufen, diente er doch in Nord-Süd-Richtung nicht nur dem materiellen Warenaustausch, sondern auch dem Transfer von Gedankengut. Und der ost-

westliche Main? Während seiner Arbeit am „West-östlichen Divan" besuchte der berühmteste Sohn der Stadt, Johann Wolfgang Goethe (1749–1832), seine Heimat und feierte am 18. Oktober 1814 in der „Gerbermühle" mit der Bankiersfamilie Willemer und weiteren Freunden den Jahrestag der Völkerschlacht von Leipzig. Dabei wurde ein Frankenwein des hervorragenden Jahrgangs 1811 ausgeschenkt; der „Eilfer" hieß allgemein nur „Kometenwein". Im Dankgedicht an die Gastgeber heißt es, begleitet von einer Zeichnung der Gerbermühle:

„Also lustig sah es aus,
Wo der Main vorüberfloß,
Als im schmucken Hain und Haus
Festlich Eilfer überfloß.
Ferner Freunde ward gedacht:
Denn das heißt genießen,
Wenn zu Fest und – Flusses Pracht
Tausend Quellen fließen."

Den Frankenwein schätzte Goethe sehr; drei Flaschen durften es am Tag sein, im Jahr 1821 orderte er rund 900 Liter, und den Eilfer hat er auch in anderen Gedichten besungen.

In seinen Memoiren, „Dichtung und Wahrheit", berichtet er im ersten Buch ausführlich von seiner Kindheit in Frankfurt und der Attraktivität des Mains: „Am liebsten spazierte ich auf der großen Mainbrücke. Ihre Länge, ihre Festigkeit, ihr gutes Aussehen machte sie zu einem bemerkenswerten Bauwerk; auch ist es aus früherer Zeit beinahe das einzige Denkmal jener Vorsorge, welche die weltliche Obrigkeit ihren Bürgern schuldig ist. Der schöne Fluß auf- und abwärts zog meine Blicke nach sich; und wenn auf dem Brückenkreuz der goldene Hahn im Sonnenschein glänzte, so war es mir immer eine erfreuliche Empfindung. Gewöhnlich ward alsdann durch Sachsenhausen spaziert und die Überfahrt für einen Kreuzer gar behaglich genossen. Da befand man sich nun wieder diesseits, da schlich man zum Weinmarkte, bewunderte den Mechanismus der Krane, wenn Waren ausgeladen wurden; besonders aber unterhielt uns die Ankunft der Marktschiffe, wo man so mancherlei und mitunter so seltsame Figuren aussteigen sah."
Auch später faßt er seine vielfältigen und eindeutig positiven Eindrücke vom Main in wohlgesetzte Worte, wobei er sich wie in allen per-

sönlichen Notizen als Meister der Anspielung und der Verschlüsselung erweist. Unter der Überschrift „Rhein und Main" heißt es in den „Inschriften" unter Nummer 83:

„Was ich dort gelebt, genossen,
Was mir all dorther entsprossen,
Welche Freude, welche Kenntnis,
Wär ein allzulang Geständnis.
Mög es jeden so erfreuen,
Die Erfahrenen, die Neuen!"

Anderer Literaten Äußerungen über den Main sind demgegenüber eher als schlicht zu bezeichnen. Der in Wipfeld bei Schweinfurt geborene, dem irdischen Dasein nicht eben abholde Humanist Konrad Celtis (eigentlich Konrad Pickel, 1459–1508) sagt autobiographisch über seinen Heimatstrom:
„Geboren bin ich unter den weintragenden Hügeln des Frankenlandes, / wo hohe Ufer den Main begleiten und Wälder die sonnigen Gipfel decken. / Hier habe ich oft dem Bacchus und der edlen Minerva sanften Laute gesungen, / und das liebliche Echo antwortete mir aus den Tälern."
Schweinfurt ehrt den hier 1788 geborenen Schriftsteller und Orientalisten Friedrich Rückert mit einem Denkmal auf dem Marktplatz. Seine Übersetzungen morgenländischer Poesie aus verschiedenen Epochen und zahlreichen Sprachen sind für den Kenner schlicht mitreißend und auch heute noch unübertroffen. Die eigenen Dichtungen haben vielfach die morgenländischen Versformen zum Vorbild, so ein kleines Gedicht auf den Heimatstrom:

„Fuhren wir hinab den Main,
Still und frohgemut,
Lag des Abends heller Schein
Vor uns auf der Flut.

Immer auf den hellen Schein
Geht der Nachen zu,
Treten wird er nun hinein
In dem nächsten Nu.

Aber weiter rückt der Schein
Stets von Ort zu Ort,
Und die Fahrt ihm hinterdrein
Geht im Dunkel fort."

In unseren Tagen hat der eine lange Strecken auf dem Mainwanderweg zurückgelegt und sich dabei vielleicht schmerzhafte Blasen gelaufen. Der andere hat sich den Main mit dem Fahrrad erobert und spürt die edlen Körperteile, die dabei mitspielen mußten. Schwielen

beklagt wieder ein anderer, der sich mit dem Wasser des Mains handgreiflich auseinandergesetzt hat. Der nächste hat ein Gläschen Bier, ein Schöpple Wein oder Apfelwein zuviel getrunken und weiß nicht so recht, was er mit sich anfangen soll. Sogar ansehnliche Staus soll es zeitweise auf den Uferstraßen des Mains für denjenigen geben, der als Auto-Tourist nicht auf liebgewordene Gewohnheiten verzichten will. Mag sein, daß sich bei allen – sogar jenen, die sich auf einem Rundflug der balkenlosen fränkischen oder hessischen Luft aussetzen – gerade wegen des Allzumenschlichen bald das Gefühl des Menschlichen, der Vertrautheit, des Zu-Hause-Seins einstellt. Völlig neu erlebt man am Main das Gefühl der Zufriedenheit und weiß sich bei den Einheimischen gut aufgenommen, denn sie sind darauf aus, den Mitmenschen das Leben zu erleichtern und angenehm zu machen. Theodor Heuss hat festgestellt: „Mit den Franken kommt man leicht ins Gespräch, sie sind Träger einer beweglichen Unruhe, unternehmungslustig und in einer zugreifenden Weise aktiv." In ihrer bekannten Unbescheidenheit reklamieren die Hessen diese Haltung seit jeher für sich, so daß generell gelten kann: Wer am Main war, kommt wieder, und wer hier ansässig ist, kommt gerne nach Hause.

Weißer Main und Roter Main

Rechte Seite:
Hier ist der Main noch klar wie Glas.

Der Main entspringt gleich zweifach: Weißer und Roter Main heißen die Quellflüsse. Das heißt: Zwei sind dazu auserkoren worden, als die Mainquellen bezeichnet zu werden, und nicht einmal die wasserreichsten! Denn sowohl der Weiße wie der Rote Main werden aus zahlreichen Quellen gespeist.
Die Weißmainquelle (oder bayrisch genauer: Weißmainsquelle) liegt am Osthang des 1025 m hohen Ochsenkopfgipfels bei Bischofsgrün im Fichtelgebirge. Sie ist mit behauenen Granitblöcken gefaßt; 1817 ist als Jahreszahl darauf zu lesen. 1972 wurde hier der Mainwanderweg seiner Bestimmung übergeben, der mit seinem großen M auf 540 Kilometern Länge dem Wanderer den Weg bis zur Mündung des Mains in den Rhein weist. Das zunächst bescheidene Rinnsal des Weißen Mains wird – von anderen Wässern gespeist – bald zu einem reißenden Sturzbach, der auf den ersten zwei Kilometern um rund 150 Meter fällt.
Die Rotmainquelle ist weniger komfortabel ausgestattet. Im Lindenhardter Forst am Ostrand der Fränkischen Alb, südlich von Bayreuth und westlich von Creußen, sind unbehauene Findlinge übereinandergeschichtet worden; den Steinhaufen hat man mit einem Rohr und einem schlichten Hinweisschild versehen. Auf 579 m Höhe liegt die Quelle, und die A9 tönt von ferne herüber.
Die Namengebung der beiden Quellflüsse liegt weitgehend im dunkeln. Heißt der Rote Main nach einer Rodung? Ist der Name des Baches Weismain, der dem Main bei Altenkunstadt zufließt, Namenspatron des „Weißen Mains“? Ist das Wasser des Weißen Mains hell, des Roten Mains wegen der von ihm durchflossenen Gesteinsschichten rötlich? Wer heute den Zusammenfluß der beiden unterhalb des Schlosses Steinenhausen bei Kulmbach aufsucht, wird keinen Unterschied feststellen können. Die amtlich festgestellte Wasserqualität ist (von einigen Abschnitten des Roten Mains abgesehen) erträglich; die Farbe der Quellflüsse bildet keinen Gegensatz zum Einheitsgraubraun aller deutscher Gewässer.

Der Weiße Main entspringt am Ochsenkopf im Fichtelgebirge.

Eine typische Granitformation der „Weißmainsleiten“ in der Nähe der Weißmainquelle.

Rechts oben:
Die Rotmainquelle im Lindenhardter Forst bei Hörlasreuth.

Rechts unten:
Der junge Rote Main bei Bayreuth.

Bayreuth

Rechts oben: Das 1876 eröffnete Bayreuther Festspielhaus auf dem Grünen Hügel.

Rechts unten: Blick auf die Bühne des barocken markgräflichen Opernhauses von 1745–48.

Wer Bayreuth sagt, muß auch Richard Wagner sagen. Die Stadt verdankt dem großen Komponisten, der hier von 1874 bis 1883 lebte, ihren weltweiten Ruf. Sein Haus, die Villa Wahnfried am Rand des Hofgartens, ist heute Wagner-Museum; das schlichte Grab des Künstlers und seiner Frau Cosima befindet sich im Garten.

Am Roten Main zwischen Fichtelgebirge und Fränkischem Jura gelegen, taucht der Name Baierrute (Rodung eines Bayern) erstmals 1194 in einer Urkunde auf. Den entscheidenden Aufschwung erfuhr das Städtchen von damals 3000 Einwohnern, als Markgraf Christian 1603 seine Residenz von Kulmbach nach Bayreuth verlegte. Rege Bautätigkeit begann, als Markgraf Friedrich 1731 Wilhelmine, die Schwester des späteren Preußenkönigs Friedrichs des Großen, heiratete. Das markgräfliche Opernhaus entstand 1745–48, ein über die Jahrhunderte unversehrt erhaltenes Barocktheater, dessen Innenausstattung Giuseppe Galli-Bibiena besorgte. Jedes Jahr im Mai/Juni findet hier die fränkische Festwoche statt, die der Musik des Barock gewidmet ist. Wagner wollte seine Werke ursprünglich in diesem Theater aufführen lassen; es erwies sich aber als ungeeignet, so daß er ein neues Theater plante. 1876 wurde das Festspielhaus auf dem Grünen Hügel eröffnet, in dem heute jedes Jahr von Ende Juli bis Ende August seine Opern aufgeführt werden. Die Straßen in der Umgebung sind nach Figuren aus den Opern benannt.

Sehenswert im Stadtinneren sind das Alte Schloß mit seinem achteckigen Turm von 1566 (nach Plänen von Caspar Vischer) und das Neue Schloß, erbaut 1753–55 von Hofbaumeister Saint-Pierre. Am Rand des Hofgartens, einer Oase der Ruhe mitten in der Stadt, liegt das Deutsche Freimaurermuseum. Wie auch beim Opernhaus ist die Fassade des Neuen Schlosses eher schlicht, erst im Inneren zeigt sich die ganze Pracht des „Bayreuther Barock", den Markgräfin Wilhelmine maßgeblich bestimmt hat.

So auch bei der nordöstlich von Bayreuth gelegenen Eremitage, die das ganze Kaleidoskop damaliger Moden in sich vereint: Japanisches Zimmer, Musikzimmer, Spiegelkabinett. Natürlich ist auch ein Park mit Wasserspielen und Grotten dabei.

Das Alte Schloß, dessen Anfänge bis ins 14. Jahrhundert zurückreichen.

Das Auge Gottes an der Fassade der Spitalkirche von 1748–50.

Die evangelische Stadtpfarrkirche „Heilige Dreifaltigkeit“ ist mit ihren mächtigen, durch eine Steinbrücke verbundenen Türmen ein Wahrzeichen von Bayreuth. Die Spitalkirche am Markt, den drei barocke Zierbrunnen schmücken, beeindruckt durch ihre Schaufassade mit dem Auge Gottes im flachen Dreiecksgiebel.

1804 kam Jean Paul (Friedrich Richter, 1763–1825) nach Bayreuth; hier entstanden u.a. die „Flegeljahre“ und „Der Komet“. Die Stadt hat ihm ein Denkmal gesetzt, das Jean-Paul-Museum würdigt sein Schaffen. Einen Besuch wert ist auch das Stadtmuseum.

Brunnen vor dem Opernhaus, Blick auf den achteckigen Turm des Alten Schlosses.

Die nachgotische Stadtkirche Heilige Dreifaltigkeit ist eins der Wahrzeichen von Bayreuth.

Der Sonnentempel in der Eremitage, dem Zentrum höfischen Lebens zur Zeit von Markgräfin Wilhelmine, der Schwester Friedrichs des Großen.

In Richard Wagners Wohnhaus, der „Villa Wahnfried“ am Rand des Hofgartens, ist heute das Wagner-Museum untergebracht.

Von Kulmbach nach Lichtenfels

Kulmbach hat weltweiten Ruf als Bierstadt, vier stattliche Brauereien sind heute hier zu Hause (am Ende des vergangenen Jahrhunderts waren es 18!). Seit 1174 wird hier „Gerstensaft“ als Labsal für durstige Kehlen produziert. Sehenswert im Ort sind das Rathaus mit einer Rokokofassade des Hofbaumeisters J. Saint-Pierre, die Petri-Kirche und der Langheimer Klosterhof, der auf Pläne von Leonhard Dientzenhofer zurückgeht (erbaut 1691-95). Die Stadt krönt die mächtige Plassenburg, eine der berühmtesten Festungsanlagen der Renaissance. Seit 1397 war die Burg Residenz der Markgrafen von Brandenburg-Kulmbach. Vom Markgrafen Albrecht Alcibiades (reg. 1541-54) ausgebaut, wurde sie 1553 von den Alliierten aus Nürnberg, Bamberg und Würzburg zerstört, nachdem Albrecht versucht hatte, seinerseits sich deren Besitz einzuverleiben. 1595 wurde die Residenz nach Bayreuth verlegt.
Sehenswert im Inneren sind die Waffenhalle und der Markgrafensaal. Weltweit unübertroffen ist das Deutsche Zinnfigurenmuseum (über 300.000 Exponate), bekannt auch eine Jagdwaffensammlung und eine Galerie mit Schlachtgemälden.

Burgkunstadt wird von einem monumentalen Rathaus dominiert, das auf spätmittelalterlichen Untergeschossen das 1689-90 ausgebaute, doppelstöckige, mit Schnitzereien und Verschlingungen verzierte Fachwerkgeschoß mit Dachreiter trägt; eine Arbeit des Zimmermanns Jörg Hoffmann aus Zeil am Main.

Lichtenfels, Zentrum der oberfränkischen Korbflechterei, ist ein gastliches Städtchen mit einem ausgedehnten Marktplatz, auf dem sich das von Justus Heinrich Dientzenhofer errichtete Rathaus (1740-45) erhebt. Bemerkenswert sind die Reste der Stadtmauer mit Stadt-

Die Plassenburg ist eine der berühmtesten Festungsanlagen aus der Zeit der Renaissance.

Das Rokoko-Rathaus
in Kulmbach wurde
1748 fertiggestellt.

Rechts oben:
Der „Schöne Hof" der Plassenburg ist von offenen Laubengängen gesäumt.

Rechts unten:
Mit ornamentalen und figürlichen Reliefs zeigt sich die zweigeschossige Fassade im „Schönen Hof".

Ein symbolträchtiger Bootsname am Zusammenfluß von Weißem und Rotem Main.

Das Rathaus von Burgkunstadt mit dem mächtigen Fachwerkgiebel von 1689–90.

burg, Oberem Torturm und Bamberger Tor. In Michelau auf der anderen Mainseite kann man im Deutschen Korb- und Flechtmuseum in- und ausländische Korbwaren bestaunen.
Einen künstlerisch vollendeten Fachwerkbau zeigt Staffelstein mit seinem Rathaus von 1686/87. Der sprichwörtliche Rechenmeister Adam Riese ist 1492 in Staffelstein zur Welt gekommen. Der 539 m hohe Staffelberg aus Dolomitkalk und Eisensandstein mit eingelagerten Tonschichten (daher der Name) war ein heiliger Berg der Franken (Ringwall und Heiligtum; zahlreiche Funde aus der Stein-, Bronze- und Eisenzeit); seit 1654 steht dort eine Adelgundiskapelle. Über Jahrhunderte gab es hier auch eine Einsiedelei. Der Dichter Victor von Scheffel (1826–1886) hat dem hl. Veit von Staffelstein, in seinem Lied „Wohlauf die Luft geht frisch und rein“ (entstanden 1859 in Banz) ein literarisches Denkmal gesetzt: „Zum heil'gen Veit von Staffelstein / bin ich emporgestiegen“, berichtet der durstige Wanderer. Da der Einsiedler aber nicht zu Hause ist, bricht der Wanderer in den Weinkeller ein: „Du heil'ger Veit von Staffelstein, / verzeih mir Durst und Sünde.“ Vom Gipfel des Staffelberges genießt man bei klarem Wetter einen grandiosen Rundblick.

Das „Blumenkörbchen“ am Rathaus von Lichtenfels.

Das Barockrathaus (1740-45) von Lichtenfels und der Floriansbrunnen.

Rechte Seite:
Weit ins Land blickt man vom Gipfel des Staffelberges.

Der sprichwörtliche Rechenmeister ist 1492 in Staffelstein zur Welt gekommen.

Das Staffelsteiner Rathaus stammt von 1686/87.

Rekonstruktion eines Teils der keltischen Mauer, mit welcher der Staffelberg vor Zeiten bewehrt war.

Basilika Vierzehnheiligen und Kloster Banz

Seit 1448 entwickelte sich das spätere „Vierzehnheiligen" zum Wallfahrtsort, hervorgegangen aus einer mystischen Vision eines Schäfers. Prominentester Wallfahrer war Kaiser Friedrich III., der zweimal kam.
Bald entsprach die vorhandene Kapelle nicht mehr den Anforderungen. 1743 wurde nach den Plänen des Würzburger Architekten Balthasar Neumann (1687–1753) mit dem Bau einer Kirche begonnen; vorgesehen war ein kreuzförmiger Kirchenraum, in dessen Vierung unter der großen Kuppel der Gnadenaltar liegen sollte. Der ausführende Baumeister, Gottfried Heinrich Krohne aus Dresden, änderte jedoch die Pläne und verschob den Gnadenaltar ins Langhaus. Neumann protestierte dagegen, plante das Gewölbesystem völlig neu und führte eine große längsovale Kuppel aus, mit je einer angeschlossenen kleineren auf den vier Seiten: Auf diese Weise stellte er den Gnadenaltar wieder in den Mittelpunkt. Nach 20 Jahren war der Rohbau fertiggestellt. 14 Säulen, die Zahl der verehrten Nothelfer, tragen den Innenraum. Die Stuckierung lag unter anderem in den Händen von Johann Michael und Franz Xaver Feichtmayer. Fresken und Altarblätter sind vor allem das Werk von Joseph Ignaz Appiani (1706–1785), Hofmaler des Erzbischofs von Mainz. Am 14. September 1772 wurde die Kirche, die in den späteren Jahrzehnten mehrfach umdekoriert wurde (so u.a. im nazarenischen Stil), eingeweiht. Die letzte Restaurierung in den Jahren 1983 bis 1990 hat versucht, den ursprünglichen Stil wiederherzustellen.
Heute findet man um die Kirche – wie einst im Jerusalemer Tempel – alle Institutionen, die den körperlichen und seelischen, weniger den geistigen Bedürfnissen der Wallfahrer für mehr als ein Scherflein Genüge tun.
Kloster Banz, 1069 als Benediktinerkloster gegründet, ist aus einer Burg hervorgegangen. Im Dreißigjährigen Krieg zerstört, baute es Leonhard Dientzenhofer zu einer gewaltigen Klosteranlage wieder auf. Die barocke Kirche

Links: Die barocke Kirche von Kloster Banz wurde 1719 eingeweiht.

Rechts: Die Wallfahrtskirche Vierzehnheiligen (1772 eingeweiht) ist das Meisterwerk des Barockarchitekten Balthasar Neumann.

Die 14 Nothelfer sind:

Ägidius	Beschützer der Tiere und der Hirten
Dionysius	Helfer bei Kopfleiden und Gewissensängsten
Eustachius	Helfer bei Schicksalsschlägen und Patron der Jäger und Förster
Barbara	Schutzherrin der Bergleute und der Architekten, Beschützerin vor Gewitter, Feuer, Fieber und Pest
Margareta	Patronin der Bauern, Helferin in Geburtsnöten
Blasius	Helfer bei Halsleiden
Christophorus	Helfer in allen Gefahren, Schutzparton der Reisenden und der Gärtner
Erasmus	Helfer in Seenot und bei Unterleibskrankheiten, Patron der Seeleute
Achatius	Helfer in allen Lebens- und Todesängsten
Cyriacus	Patron der Unterdrückten
Vitus	Helfer bei Augenkrankheiten, Patron der Jugend, der Schmiede, der Apotheker, der Brauer und Wirte, der Schauspieler und der Winzer
Katharina	Patronin der Theologen, aller Wissenschaftler
Georg	Patron der Ritter, der Bauern, der Pfadfinder, Helfer gegen Schlangenbiß, Pest und Lepra
Pantaleon	Helfer gegen Kopfweh, Schutzpatron der Ärzte und Hebammen

wurde 1719 eingeweiht, erbaut hat sie Johann Dientzenhofer. Sehenswert ist das Chorgestühl von J. G. Neßtfell, eine Intarsienarbeit aus farbigen Hölzern.Während der Blütezeit gab es in Banz eine Schule, eine große Bibliothek, ein Naturalienkabinett, eine Münzensammlung. Der Park suchte weit und breit seinesgleichen. 1803 wurde das Kloster säkularisiert, die Kunstschätze wurden, von Ausnahmen abgesehen, in alle Welt verstreut. Besitzerin der Klostergebäude ist heute die Hanns-Seidel-Stiftung (CSU), die Kirche dient als Pfarrkirche.

Einer der vierzehn Nothelfer, der hl. Dionysius.

Vierzehnheiligen:
Der Gnaden- und
der Hochalter sind von
überwältigender Schönheit.

Bamberg

Bamberg, vom Main eher gestreift, im Kern an der Regnitz liegend, heißt „fränkisches Rom", weil es wie die Ewige Stadt auf sieben Hügeln errichtet wurde. Die Burg Bamberg gab es zumindest seit Ende des 9. Jahrhunderts. 1007 bestimmte Kaiser Heinrich II. den Burgbezirk zum Sitz eines neuen Bistums. Bald entwickelte sich an der Regnitz eine Kauffahrtei. Das Sagen hatten durch Jahrhunderte die Fürstbischöfe, zugleich geistliche und weltliche Herren. 1589 wurde ein Seminar gegründet, das 1611 die Jesuiten übernahmen. 1648 wurde es zur Academia Ottonia erhoben. Seit 1972 besteht die Otto-Friedrich-Universität. Nach dem Dreißigjährigen Krieg folgte die kulturelle Blüte Bambergs unter den Fürstbischöfen Lothar Franz und Friedrich Karl von Schönborn. Die Stadt erhielt das Staatsarchiv und eine Staatliche Bibliothek. Der vielseitig Begabte Ernst Theodor Amadeus Hoffmann wirkte von 1808 bis 1813 als Theaterkapellmeister in Bamberg und war gleichzeitig Direktionsgehilfe, Komponist und Bühnenbildner. Nebenbei verfaßte er Musik- und Theaterkritiken.

Von der verwinkelten Altstadt mit den vielen kleinen Gasthäusern, in denen die Bamberger Spezialität Rauchbier ausgeschenkt wird, steigt man zum imponierenden und prächtigen Domplatz empor, der die verschiedensten Baustile harmonisch nebeneinanderstellt: Romanik beim Königspfalz-Bau, späte Gotik bei den Bauwerken der alten Hofhaltung, Renaissance bei den bischöflichen Palasträumen, in

Blick über den Rosengarten der Bamberger Residenz zum ehemaligen Benediktinerkloster Sankt Michael.

denen heute das Historische Museum untergebracht ist, Frühbarock bei der Neuen Residenz, die man zum Teil besichtigen kann. Der Dom zeigt im Inneren die berühmte Plastik des Bamberger Reiters (13. Jahrhundert), dem sich weitere – Maria, der Lachende Engel, Elisabeth – hinzugesellen. Romanischer und gotischer Stil mischen sich hier, wie dies zu Beginn des 13. Jahrhunderts typisch ist. Im südlichen Querschiff steht der Marienaltar von Veit Stoß (1523). Der Domschatz kann im Kapitelhaus besichtigt werden, das von Balthasar Neumann entworfen wurde (Diözesan-Museum).
Einen Akzent in die Landschaft oberhalb der Stadt setzt das großzügig angelegte, ehemalige Benediktinerkloster Sankt Michael, gestaltet von L. und J. Dientzenhofer. Die Kirche zeigt in eigenwilliger Mischung romanische und barocke Elemente. Sehenswert ist die Deckenmalerei (um 1610), die rund 600 damals bekannte Pflanzen aneinanderreiht.
Oft fotografiert wird das gotische, bunt bemalte Alte Rathaus auf der Regnitzinsel. Die barocke Sankt-Martins-Kirche am Grünen Markt stammt von 1690. Die obere Pfarrkirche, ein gotischer Bau des 14. Jahrhunderts, besitzt einen Taufstein von 1520, der auf Holzreliefs die sieben Sakramente zeigt. Profane Sehenswürdigkeiten sind die beiden barocken Palais des Geheimen Rates Johann Ignaz Michael Tobias Böttinger (1675–1730). An der Regnitz liegt sein „Wasserschloß“, das wahrscheinlich von Johann Dientzenhofer stammt; in der Judenstraße erhebt sich mit mächtiger Fassade sein Stadtpalais.

Die frühbarocke Neue Residenz begrenzt den Domplatz zur Stadtseite hin.

„Klein-Venedig“ wird diese Uferzeile in Bamberg genannt.

Linke Seite:
1755 schmückte Johann Anwander das Inselrathaus mit dekorativen Gemälden.

Das gotische Alte Rathaus auf der Regnitz-Insel.

Von Maria Limbach nach Haßfurth

Von außen eher unansehnlich wie fast alle Sakralbauten des späten Barock wirkt, trotz ihrer fünfachsigen Giebelfassade, die auf freiem Feld bei der Gemeinde Limbach (zwischen Eltmann - Stadtpfarrkirche von Leo von Klenze, 19. Jahrhundert - und Sand) stehende Wallfahrtskirche Maria Heimsuchung, allgemein Maria Limbach genannt. Sie ist das letzte Werk von Balthasar Neumann, der bei dieser Arbeit von seinem Sohn Ignaz Michael unterstützt wurde. Natürlich gab es auch hier Vorgängerkirchen; eine erste Erwähnung stammt aus dem Jahr 1461.

Der heutige Bau wurde 1751 begonnen. Bald stellte sich Geldmangel ein, so daß Balthasar Neumann mit rund 770 rheinischen Gulden aushalf, damit der Bau nicht gefährdet würde. Er starb im August 1753, sein Nachfolger Johann Michael Müller vollendete den Bau. Im September 1755 konnte die neue Kirche eingeweiht werden. Der helle Innenraum ist von überwältigender Schönheit. Die harmonische Stukkatur und die prunkvolle Baldachinanlage des Hochaltars stammen von Johann Peter Wagner (1761).

Der Beginn der Wallfahrt liegt im dunkeln, bezeugt ist sie zum erstenmal in einem Gnadenbrief von 1660. Während der Reformationszeit ebbte sie völlig ab. Als aber 1727 das Gnadenbrünnlein entdeckt wurde (heute als gefaßter Brunnen neben der Kirche, die Linde an seiner Seite ist rund 500 Jahre alt), nahm man sie wieder auf. Besonderer Gönner der Kirche war damals Fürstbischof Friedrich Carl von Schönborn, der durch das Wunderwasser von einem Hüftleiden geheilt worden sein soll. Die Wallfahrt besteht bis heute.

Die heute noch von der Mainseite her wehrhaft erscheinende Stadt Zeil am Main zeigt einen einladenden Marktplatz mit viel Fachwerk, das Rathaus stammt von 1540. In der Pfarrkirche St. Michael sind die Deckenbilder von Johann Peter Herrlein von 1761 sehenswert. Das Käppele, eine neuromanische Wallfahrtskirche von 1894-97, liegt hoch über dem Ort.

In der gotischen Stadtpfarrkirche von Haßfurth (1703) sind der „Heilige Johannes mit

Der Hochaltar der Wallfahrtskirche Maria Limbach ist ein Werk von Johann Peter Wagner (1761).

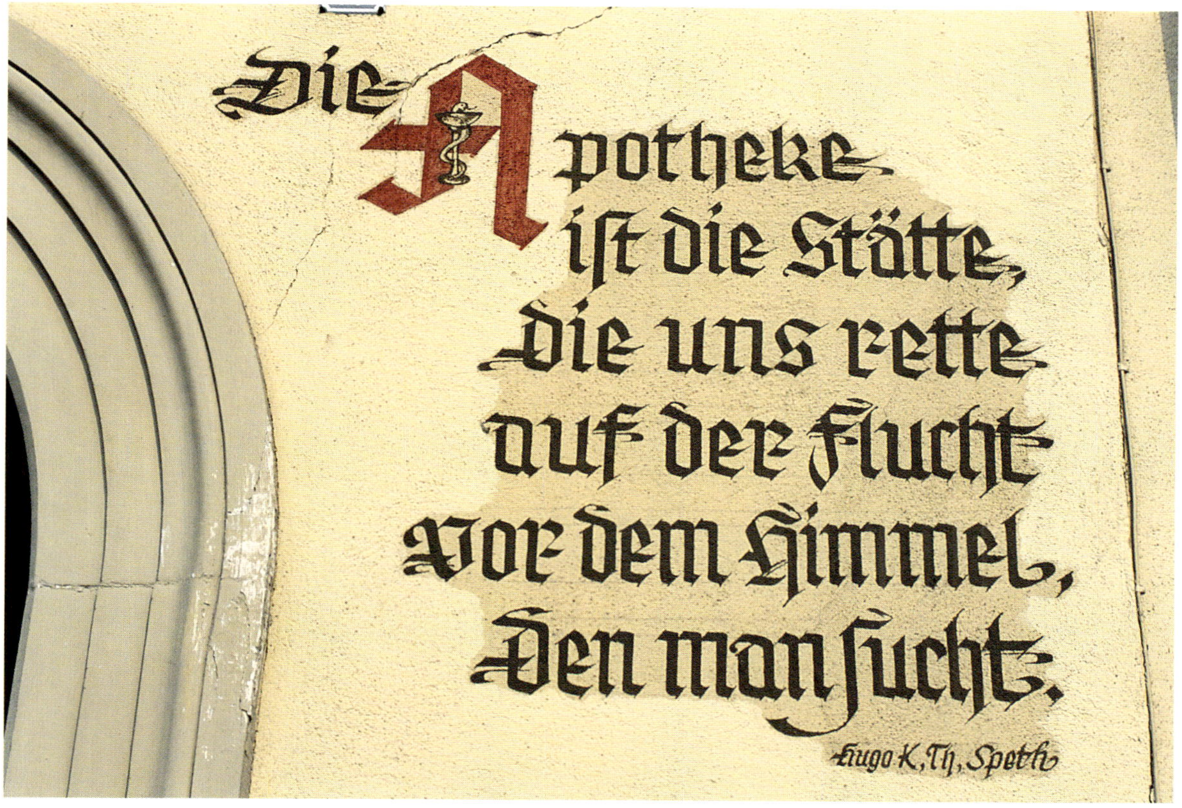

Inschrift
an der Alten Apotheke
am Marktplatz
von Zeil am Main.

dem Lamm" und eine Madonna mit dem Jesuskind von Tilman Riemenschneider besondere Kleinodien. Den ausladenen Marktplatz dominiert das Rathaus aus dem 16. Jahrhundert, das von prunkvollen Bürgerhäusern eingerahmt wird. Die spätgotische Ritterkapelle außerhalb der Stadtmauern am Oberen Tor (1455) besitzt einen bemerkenswerten Chor, der 270 Wappen nicht nur des fränkischen Adels, sondern auch aus anderen deutschen Gebieten zeigt.

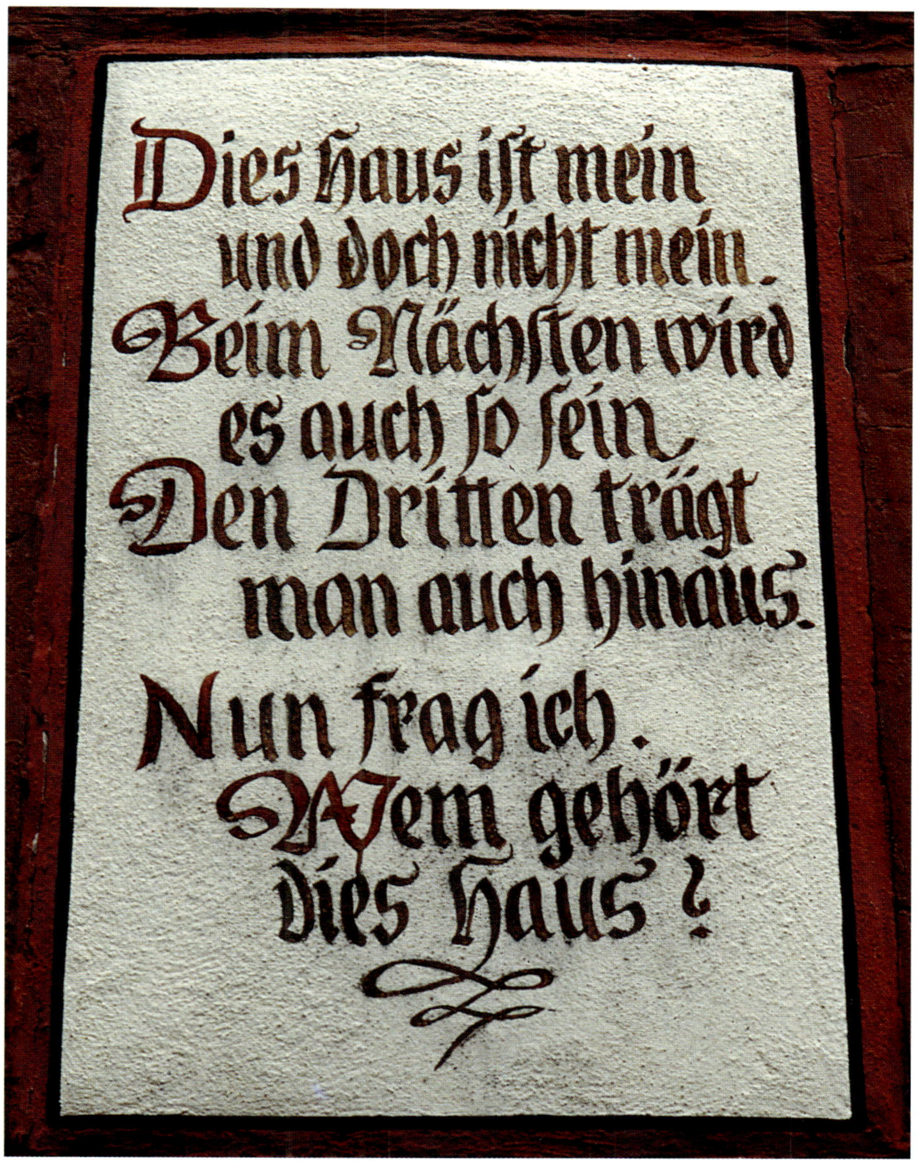

Wer gibt Antwort
auf diese Frage,
zu lesen an einem
Fachwerkhaus in Zeil?

Die spätgotische Ritterkapelle in Haßfurt wurde 1455 erbaut.

Die Madonna mit dem Kind aus der Stadtpfarrkirche von Haßfurt stammt von Tilman Riemenschneider.

Mainlandschaft bei Haßfurt.

Von Schweinfurt nach Kitzingen

Die Stadt der Kugellager verdankt ihren Namen keineswegs dem Borstenvieh, sondern einer Furt am „swin", was Sumpf bedeutet. Bekannt ist der Ort seit Mitte des 8. Jahrhunderts, viele Herren hatten über die Zeiten hin das Sagen, bis Schweinfurt 1282 freie Reichsstadt wurde. Zahlreiche Farbmühlen stellten in früheren Zeiten das „Schweinfurter Grün" her, ein Kupfer-Arsen-Pigment, das sehr beständig, aber auch sehr giftig war.
Sehenswert ist das Renaissance-Rathaus, erbaut 1570–72 von Nikolaus Hofmann aus Halle/Saale. Es wurde niemals zerstört. Prächtig bieten sich im Inneren der Große Sitzungssaal und der Trausaal dar. Auf dem Marktplatz steht das Brunnendenkmal für den Dichter und Orientalisten Friedrich Rückert (1788–1866). Im Haus neben dem Rathaus ist er zur Welt gekommen; eine gestaltete Bronzetafel aus dem vergangenen Jahrhundert weist darauf hin. Die im Langhaus gotische St.-Johannis-Kirche (erste Erwähnung 1325) zeigt eine großartige barocke Kanzel.
An der vielfotografierten Mainschleife gelegen, die man am besten von der Vogelsburg aus sieht, rühmt sich Volkach nicht nur großartiger Bürgerbauten, wie des Rathauses mit hohem, steilem Dach, des Schelfenhauses, des Zehnthauses und der Kellerei; bemerkenswert ist auch die Stadtkirche St. Bartholomäus, die im 15. Jahrhundert erbaut wurde. Die Einrichtung stammt indessen aus dem 18.; der wuchtige, reich dekorierte Hochaltar zeigt die Aufnahme Mariens in den Himmel.
Bekannter als die Pfarrkirche ist die spätgotische Wallfahrtskirche „Maria im Weingarten", zu der ein Kreuzweg durch die Weinberge hinaufführt. Sie zeigt das letzte große Werk von Tilman Riemenschneider, die „Madonna im Rosenkranz", entstanden 1521–24. Bemerkenswert ist das Gnadenbild, eine Pietà aus dem 14. Jahrhundert von drastischer Realistik. 1962 wurde die Kirche von Kunstdieben geplündert; eine Zeitschrift machte den Räubern klar, daß diese Kunstwerke unmöglich auf dem schwarzen Kunstmarkt abzusetzen seien, und bot eine namhafte Summe für die Rückgabe... Die Restaurierung dauerte viele Jahre.

Dettelbach, wie jeder alte Ort dieser Region im Mittelalter mit einer wehrhaften Stadtmauer umgeben, zeigt ein großes gotisches Rathaus mit Freitreppe an der Front. Die Türme der Stadtpfarrkirche St. Augustinus aus dem 15. Jahrhundert verbindet eine Holzbrücke. Am Treppenaufgang von der Stadt her ist ein Pranger mit Halseisen erhalten. Wehe dem, der von dem schmalen, erhöhten Trittstein abrutschte! Die Wallfahrtskirche „Maria im Sand" schmückt ein gewaltiges Portal im Stil der Spätrenaissance.

Der „Falterturm" von Kitzingen, Sitz des deutschen Fastnachtsmuseums, weist ein schiefes Dach auf. Es soll sein Aussehen dadurch erhalten haben, daß die Handwerker beim Bau zu tief ins Glas mit gutem Frankenwein geschaut hätten. Dem Renaissance-Rathaus von 1563 ist zur Marktseite hin ein mächtiger wehrhafter Turm angebaut worden. Früher im geistlichen Sinne opponent, setzen die mächtige evangelische Barockkirche und die katholische Pfarrkirche mit dem spitzen Turm heute gemeinsam die Akzente im Stadtbild.

Das Schweinfurter Renaissance-Rathaus wurde 1570–72 erbaut.

Ein Häcker bei
der Arbeit im Weinberg.

Der Marktplatz
von Schweinfurt
mit dem Rückert-Denkmal.

Nächste Seite:
Wie weiche gespannte Matten ziehen sich die Weinberge in der Volkacher Mainschleife zum Fluß hinab.

Im Kitzinger „Falterturm“ mit dem schiefen Dach ist das Deutsche Fastnachtsmuseum zu besichtigen.

Willkommen im Deutschen Fastnachtsmuseum.

Das Portal des Schelfenhauses, eines Patrizierhauses von 1719, in Volkach.

Die spätgotische Wallfahrtskirche „Maria im Weingarten“ bei Volkach.

Links unten:
1521–24 entstand in der Werkstatt von Tilman Riemenschneider die „Madonna im Rosenkranz“.

Rechts unten:
Der Pranger am Aufgang zur Stadtpfarrkirche Sankt Augustinus in Dettelbach.

Das spätgotische Rathaus des Weinortes Dettelbach.

„Nur" ein halber Meter Sulzfelder Bratwurst und ein Bocksbeutel „Cyriakusberg“: So läßt sich's leben.

21 Türme der mittelalterlichen Stadtmauer von Sulzfeld sind erhalten.

Von Sulzfeld nach Sommerhausen

Sulzfeld erhielt im Jahr 1609 das stattliche Renaissance-Rathaus mit den zwei, zur gleichen Seite hin gelegenen kunstvollen Portalen von Fürstbischof Julius Echter zum Geschenk. Die Stadtmauer ist fast vollständig mit 21 Türmen erhalten, wenn die Sulzfelder sie auch im Lauf der Jahrhunderte auf vielfältige Weise in ihren Wohnraum einbezogen haben. Albert Dürer (1471-1528) hat den Ort mit seiner Mauer auf einer Reise in die Niederlande gezeichnet.
In Sulzfeld soll die endlose Bratwurst erfunden worden sein; auch heute noch wird sie in den Gasthäusern als Meterware serviert. Dazu wird Wein der Spitzenlagen „Cyriakusberg“ und „Maustal“ ausgeschenkt.

Marktbreit, verwinkelt wie eh und je, war lange Zeit ein wichtiger Umschlagplatz für Güter aller Art, vor allem für Getreide und Steine. Alte Handelshäuser sind erhalten, auch ein alter Mainkran von 1785. Im Zentrum des Ortes erhebt sich das Seinsheimische Schloß aus der Zeit der Renaissance. Das Rathaus stammt etwa aus der gleichen Zeit, und es gibt - wie in vielen anderen Orten - einen Malerwinkel: Fachwerkhäuser am Breitbach, mit Blick auf das prächtige Maintor und das an die Stadtbefestigung angelehnte Rathaus.

Das „neue“ Rathaus von Ochsenfurt ist im Stadtbild nicht zu verfehlen; es wurde 1484-96 erbaut und 1513 erweitert. Die Uhr mit Figurenlauf ist eine Arbeit des Würzburger Uhrmachers Hans Sycher (1560): Der Tod dreht seine Sanduhr zur vollen Stunde um, und zwei Ochsen stoßen sich mit den Hörnern; der Bürgermeister hält eine Ansprache, und eine Jungfrau zeigt das Stadtwappen. Im Rathaussaal wird ein Trinkgefäß besonderer Art aufbewahrt, der „Ochsenfurter Kauzen“: Die Eule faßt rund zwei Liter, Wein natürlich, der Willkommenstrunk für die hohen Herren des Würzburger Domkapitels. Das „alte“ Rathaus unterhalb des neuen zeigt einen exklusiven Pranger außen im ersten Geschoß: Ein schmales Türchen führt auf eine kleine freie, ungesicherte Plattform, wo die fesselnden Eisen angebracht sind. Die gotische Stadtpfarrkirche St. Andreas schmückt ein 18 Meter hohes Sakramentshäuschen von 1498; das Chorgestühl ist sehenswert wie auch eine Nikolaus-Plastik von Tilman Riemenschneider. Zahlreiche Fachwerkhäuser, die oft in ganzen Fluchten stehen, runden das reizvolle Ortsbild von Ochsenfurt ab.

1785 wurde der Mainkran von Marktbreit erbaut.

Die prächtige Fachwerkhäuserzeile schmückt Ochsenfurt.

Sommerhausen rühmt sich des kleinsten deutschen Theaters, gerade 52 Zuschauer haben Platz. Es handelt sich dabei nicht um eine Laienbühne, Chef des Theaters ist heute der Regisseur Veit Relin. Untergebracht ist das Ensemble im Würzburger Tor der mittelalterlichen Stadtbefestigung. Am anderen Ende des Ortes, hinter dem Ochsenfurter Tor, erstreckt sich die größte deutsche Rebenzuchtanstalt. Das Rathaus weist eine ansehnliche Fassade mit Treppengiebel auf (1558). Auch ein Schloß gibt es in Sommerhausen, vormals derer von Limpurg-Rechteren-Speckfeld gehörend, eine zweiflügelige Anlage aus dem 15./16. Jahrhundert.

Der Malerwinkel von Marktbreit mit Maintor und Rathaus.

Im kleinsten deutschen Theater in Sommerhausen spenden nur 52 Zuschauer Applaus.

Würzburg

Rechts oben:
„Schloß über allen Schlössern“ hat man die Würzburger Residenz genannt.

Rechts unten:
Das Würzburger „Käppele“ wurde 1747–50 nach Plänen von Balthasar Neumann erbaut.

Frühester Siedlungsort von Würzburg war der Marienberg; hier gab es bereits 1000 v. Chr. eine keltische Fliehburg und später, um 650 n. Chr., einen fränkischen Herzogssitz. 742 wurde das Bistum Würzburg gegründet; Karl der Große war bei der Weihe des ersten Dombaus zugegen (788). 1156 heiratete Friedrich Barbarossa in Würzburg Beatrix von Burgund (Deckengemälde im Kaisersaal der Residenz von Tiepolo). Ihre Blütezeit erlebte die Stadt unter den Fürstbischöfen von Schönborn im 18. Jahrhundert. 1814 kam Würzburg zu Bayern. 1945 wurde die Stadt fast vollständig zerstört.
Die Marienkirche, zentral in der Festung Marienberg gelegen, wurde im Jahr 706 geweiht. An der Burg, später der Festung, haben Jahrhunderte gebaut. Das heutige Gesicht gab ihr im wesentlichen Fürstbischof Julius Echter von Mespelbrunn um 1600. Von der imposanten Festungsanlage aus genießt man die beste Aussicht auf den Main (Alte Mainbrücke von 1133, zur Zeit des Barock mit 12 Heiligenfiguren geschmückt), die Stadt und ihr Umland sowie das Käppele. Die Festung beherbergt im nördlichen Bauteil das Mainfränkische Museum. Es zeigt neben Zeugnissen fränkischer Kunst, Kultur und Geschichte eine Sammlung bedeutender Werke des Würzburger Bildschnitzers Tilman Riemenschneider (um 1460–1531).
Die Wallfahrtskirche Mariä Heimsuchung auf dem Nikolausberg, im allgemeinen nur „Käppele“ genannt, geht auf Pläne von Balthasar Neumann zurück, die dieser selbst in den Jahren 1747–50 in die Tat umsetzte: ein Zentralbau mit Kuppel und kreuzförmigen Anbauten. Die davorgestellten Türme tragen „bayerische“ Zwiebeln. In einer älteren, separaten Kapelle steht das Gnadenbild, eine Pietà des 17. Jahrhunderts. Zum Käppele hinauf führt ein Kreuzweg mit lebensgroßen Figuren (1767–75).
Die Residenz, das „Schloß über allen Schlössern“, wurde von Neumann 1719–44 in barockem Stil erbaut. Das Deckenfresko über dem berühmten, weitausladenden Treppenhaus (gemalt von Giovanni Battista Tiepolo; 1696–1770) ist das größte Gemälde der Welt. Es zeigt in allegorischer Darstellung unter anderem die damals bekannten vier Erdteile. Sehenswert in der Residenz sind vor allem der Weiße Saal, der Kaisersaal, der Gartensaal, das Spiegelkabinett sowie die Hofkirche.
Der Dom St. Kilian, 1040 begonnen, ist in romanischem Stil erbaut, wurde aber 1701–04 von Pietro Magno in reinstem Hochbarock stuckiert (Teile sind noch erhalten). Die meisten Würzburger Bischöfe liegen hier begraben. Die Schönbornkapelle am nördlichen Querschiff ist eine Schöpfung von Balthasar Neumann, ebenso Sakristei und Ornatkammer. Nach der völligen Zerstörung im Zweiten Weltkrieg und dem Wiederaufbau enthält der Dom heute auch moderne Elemente, wie Chorgestühl, Hauptaltar und Sakramentshaus von Albert Schilling (Marmor), die Bronzeportale, Tabernakel und Orgel (Klais). Mit 11

Herbst im Hofgarten der Residenz.

Weinlese im
Würzburger Steinberg.

Auf dem Weg
zur Festung Marienberg,
dem Wahrzeichen
von Würzburg.

Glocken, auch aus unserer Zeit, besitzt der Würzburger Dom das größte Domgeläut Deutschlands.
Die Neumünsterkirche erhebt sich über der Krypta mit dem Grab der Frankenapostel Kilian, Kolonat und Totnan, die hier um 689 den Märtyrertod erlitten haben sollen. Über die Gruft wurde 1711–16 eine achtseitige Kuppel gewölbt, die vorgeblendete Fassade war aus rotem Sandstein. Berühmte Künstler waren am Bau beteiligt: Johann Dientzenhofer und Jacob van der Auvera, Dominikus und Johann Baptist Zimmermann. In der Vorhalle steht das Grabmal des Gelehrten Johannes Trithemius (gest. 1516) aus Trittenheim an der Mosel, eine Arbeit aus Riemenschneiders Werkstatt. Wer des vielen Schauens müde ist, sollte sich unbedingt in einem der traditionellen Gasthäuser erfrischen: im Hofkeller oder in den Bürgerspital- oder Juliusspital-Weinstuben. Die beiden letztgenannten gehören zu den gleichnamigen Stiftungen zur Alten- und Krankenpflege von 1319 bzw. 1576, deren Haupteinnahmequelle seit jeher der Weinbau ist. Die bekannteste Würzburger Weinlage ist der „Stein" (gleich hinter dem Hauptbahnhof).

Nächste Seite:
Von der Festung Marienberg bietet sich das Stadtpanorama von Würzburg prächtig dar.

Imposant thront die Festung Marienberg über der Stadt.

Von Zell am Main nach Karlstadt

Zell am Main war bereits im Mittelalter für seine Klöster bekannt. Heute sind die „Zeller Schwestern“ wegen ihrer Haushaltschule ein Begriff.
Veitshöchheim, sieben Kilometer von Würzburg entfernt, diente in früheren Zeiten den Würzburger Fürstbischöfen zuerst als Jagdsitz, später als Sommerresidenz; sehenswert ist vor allem der nach wie vor im Original gepflegte Rokokogarten. Das Schloß stammt von 1680-82. Balthasar Neumann baute das Treppenhaus und die zwei Seitenflügel an. Der „Kavaliersbau“ ist heute Rathaus. Veitshöchheim ist Sitz der Bayerischen Landesanstalt für Wein- und Gartenbau.
„Scharlachberg“ und „Johannisberg“ sind die bekanntesten Weinlagen von Thüngersheim; Weinbau gab es dort spätestens seit dem 11. Jahrhundert. Würzburger Tor, Retzstadter Torhaus und Hirtentor sind Reste der alten Stadtbefestigung.
Weinbau betreibt auch Retzbach, ein Ortsteil von Zellingen. Die Pfarrkirche St. Laurentius wurde nach Plänen von Balthasar Neumann erbaut. Im Retzbachtal liegt die Wallfahrtskirche „Maria im grünen Tal“. Das Gnadenbild wird auf den Beginn des 14. Jahrhunderts datiert.
Vier hohe Türme der mittelalterlichen Stadtbefestigung (Oberer Turm, Brückenturm, Roter Turm und Maintorturm) geben Karlstadt eine wehrhafte Silhouette. Das Rathaus von 1422 prägt mit seinem Treppengiebel das Stadtbild; im Inneren sind Gegenstände aus der Zeit des Dreißigjährigen Krieges verwahrt (z.B. der Rathaushumpen). Der Chemiker Rudolph Glauber (1604-1670), nach dem das Glaubersalz (Mirabilit) benannt ist, wurde in Karlstadt geboren, ebenso der Astronom und Geograph Johannes Schöner (1477-1547), dessen Erd- und Himmelsgloben Berühmtheit erlangten.

Im Rokokogarten von Veitshöchheim.

Wasser gehört dazu.

Veitshöchheim war
die Sommerresidenz der
Würzburger Fürstbischöfe.

Mainlandschaft
bei Zellingen.

Das Gnadenbild der
Wallfahrtskirche „Maria
im grünen Tal“ wird auf
das 14. Jahrhundert datiert.

Nächste Seite:
Aus der Vogelperspektive ist die geometrische Anlage von Karlstadt gut zu erkennen.

Mainlandschaft bei Zellingen.

Früher Gerät für harte Arbeit, heute Dekoration: eine alte Weinkelter.

Die Wallfahrtskirche „Maria im grünen Tal“ bei Retzbach.

Die Karlburg über Karlstadt wurde zur Zeit der Bauernkriege zerstört.

In Gemünden fließt die Fränkische Saale dem Main zu.

Von Gemünden nach Urphar

Sehenswert in der Drei-Flüsse-Stadt Gemünden, wo die Fränkische Saale und der Sinn dem Main zufließen, ist die spätgotische Stadtkirche von 1488, die nach der Zerstörung im Zweiten Weltkrieg (Gemünden war Eisenbahnknotenpunkt) neu errichtet wurde. Der Bergfried der Ruine Scherenberg ist vollständig erhalten.

Am Rand der Altstadt von Lohr erhebt sich mit seinen Rundtürmen das 1599–1611 entstandene Schloß der Grafen von Rieneck, die in der spätgotischen Pfarrkirche St. Michael zur letzten Ruhe gebettet wurden. Das Schloß beherbergt heute das Spessart-Museum, das eine bemerkenswerte Sammlung von Glaserzeugnissen aus den Hütten des Spessarts besitzt. Lohr wies im 18. Jahrhundert selbst eine Spiegelglasmanufaktur auf. Das Rathaus, ursprünglich 1599–1601 über einer Markthalle erbaut, wurde 1798 klassizistisch erneuert. Es dominiert ein schönes Ensemble von Fachwerkhäusern. Von der Pfarrkirche St. Michael (12./13. Jahrhundert) nimmt die Karfreitagsprozession ihren Ausgang, die – als eine der letzten in Deutschland – den Kreuzweg Jesu Christi in lebenden Bildern nachzeichnet.

Nächste Seite:
Alte Küche
im Spessart-Museum.

Im 1599–1611 entstandenen Schloß der Grafen von Rieneck ist das Spessart-Museum einen Besuch wert.

NUDELN
ZUCKER

Salz

Die Stadt Lohr zeigt ein schönes Ensemble von Fachwerkhäusern.

Die Burg Rothenfels aus dem 12. Jahrhundert dient heute als Jugendherberge.

Der Wehrturm
der romanischen Kirche
von Urphar wurde im
9./10. Jahrhundert erbaut.

Die mittelalterlichen Fresken
wurden in den fünfziger
Jahren wieder freigelegt.

1598 wurde das Rathaus von Rothenfels errichtet, ein Bau der späten Renaissance. Bemerkenswert ist das Portal mit gedrehten Säulen. Die Muttergottes in der Pfarrkirche Mariae Himmelfahrt ist eine Würzburger Schnitzarbeit, die auf 1490 datiert wird. Die Burg Rothenfels wurde 1148 errichtet. 1919 wurde sie vom Jugendbund Quickborn erworben; heute dient sie als Jugendherberge und Tagungsort. Im August feiert Marktheidenfeld die „Laurenzi-Mess'“ (benannt nach der Laurentius-Kirche), eines der bekanntesten Volks- und Heimatfeste in Unterfranken. Beachtenswert ist das 1745 vom Weinhändler Franck erbaute „Haus Flasch“ in der Unterstraße.
„Homburger Edelfrau“ ist eine bekannte Lage des Weinortes Homburg am Main, der von einem Würzburger Schloß überragt wird.
Wehrturm und Apsis der Jakobskirche in Urphar stammen aus dem 9./10. Jahrhundert, das Langhaus von 1296. 1909 und in den fünfziger Jahren wurden mittelalterliche Fresken freigelegt, so ein Christus in der Mandorla und die 12 Apostel.

Die Haupteingangstür der Kirche ist mit schweren schmiedeeisernen Bändern geschmückt.

Detail aus einer Sandsteinplatte in der Nordwand des Langhauses.

Von Wertheim nach Freudenberg

Die Burgruine von Wertheim ist die zweitgrößte ihrer Art in Süddeutschland, vor Zeiten war sie Sitz der Grafen von Wertheim. Die dreiteilige Anlage, in die bei der Aufmauerung geschickt die vorhandenen natürlichen Felsen miteinbezogen wurden, war zunächst 1619 Opfer eines Brandes und wurde schließlich im Dreißigjährigen Krieg 1634 von der kaiserlichen Armee mit Kanonen beschossen. Im vergangenen Jahrhundert hat man damit begonnen, die erhaltenswerten Teile zu konservieren. Vom besteigbaren Bergfried aus genießt man einen herrlichen Blick auf die Mainlandschaft und in den Spessart.
1306 erhielt Wertheim die Stadtrechte. Der malerische Marktplatz wird gesäumt von Fachwerkhäusern, das Zobelsche Haus ist das schmalste in Franken. Das Rathaus bestand ursprünglich aus vier Gebäuden, der Eckturm enthält eine Doppelwendeltreppe. Das barocke Portal an der ehemaligen Hofhaltung zeigt das Wappen des Fürsten Carl zu Löwenstein-Wertheim. Heute beherbergt das Haus das Stadt- und Staatsarchiv. Interessant ist das Fachwerkhaus „Zu den vier Gekrönten“. Die Kragsteine über dem Erdgeschoß zeigen die Märtyrer Severus, Severinus, Capophorus und Victorinus. Sie waren die Schutzpatrone der mittelalterlichen Bauhandwerker.
Die Stiftskirche (Grundsteinlegung 1384) ist eine dreischiffige gotische Pfeilerbasilika; in der spätgotischen Kilianskapelle von 1496 ist heute das Historische Museum untergebracht, das unter anderem eine Trachtensammlung zeigt. Das Glasmuseum faßt zusammen, was es seit römischen Zeiten bis zum High-Tech von heute an alltäglichem und künstlerisch gestaltetem Glas zu sehen gibt.
Der Engelsbrunnen, ein Wahrzeichen der Stadt, wurde von Meister Mathes Vogel 1574 aus rotem Sandstein geschaffen.

Der Wertheimer Engelsbrunnen stammt aus dem Jahr 1574.

Mit dem Bau der Stiftskirche wurde 1384 begonnen.

Rechte Seite:
Das Haus
„Zu den vier Gekrönten"
im Zentrum der Altstadt
von Wertheim.

Die erhaltenswerten Teile der Burgruine werden heute konserviert.

Die Burg Wertheim wurde im Dreißigjährigen Krieg zerstört.

Rechte Seite:
Mainlandschaft
bei Stadtprozelten
(Blick von der Henneburg).

Der Spitze Turm an der Mündung der Tauber in den Main, 36,5 m hoch, wurde um 1200 als Wachtturm errichtet.

Auf der anderen Seite des Mains liegt Kreuzwertheim, benannt nach dem Marktkreuz als Zeichen der Marktgerechtigkeit, die Kaiser Heinrich II. dem Bischof von Würzburg für diesen Ort verliehen hat (1009).

Mainabwärts wird der Ort Stadtprozelten von der mächtigen Ruine der Henneburg dominiert. Sie war von 1317 bis 1484 Eigentum des Deutschen Ordens. Es ist nicht bekannt, warum sie zur Ruine wurde.

Freudenberg, überragt vom Bergfried der Freudenburg, zeigt ein schönes Fachwerk-Rathaus von 1499–1505.

Glasbläser im
Wertheimer Glasmuseum.

Das Wertheimer Glasmuseum
zeigt wertvolle Exponate aus
vielen Jahrhunderten.

Links oben:
Die gewaltige Henneburg über Stadtprozelten – heute Ruine – war einst im Besitz des Deutschen Ordens.

Links unten:
Ehemaliger Buntsandsteinbruch am Mainufer bei Freudenberg.

Straßenzug in Freudenberg mit Blick auf die Pfarrkirche von 1692.

Miltenberg

„Perle am Untermain" wird Miltenberg genannt. Viele kommen, das Kleinod in Augenschein zu nehmen, so daß es einem fast rothenburgisch zumute werden kann.
Hervorgegangen ist die Stadt aus einem Römerlager mit 300 Mann Besatzung, deren Aufgabe es war, den Limes zu schützen, der hier – nachdem der Main den „nassen Limes" gebildet hatte – wieder auf dem Trockenen in den Odenwald aufstieg. Unterhalb des Greinberges gelegen, bleibt der Stadt, die heute rund 10000 Einwohner hat, nur ein rund 160 m breiter Streifen bis zum Main, so daß sie sich nur in Längsrichtung ausdehnen konnte. Heute ist sie über die mittelalterliche Stadtbefestigung hinausgewachsen.
Die aufsteigende Zeile von Fachwerkhäusern (15./16. Jahrhundert), die südliche Kathete des dreieckigen Marktplatzes, eines am Main einzigartigen Ensembles, endet am kleinen Tor des Schnatterlochturms. An der Basis des Platzes, nach Süden versetzt, steht ein 1583 von Michael Juncker geschaffener Renaissance-Brunnen. Aus dem achteckigen Brunnentrog erhebt sich eine Säule mit einer allegorischen Figur der Gerechtigkeit. Vom Schnatterloch aus gelangt man durch einen dichten Buchenwald zur Miltenburg, die 1226 erstmals bezeugt ist, angelegt als Grenzfestung der Mainzer Erzbischöfe gegen die Würzburger. Im Innenhof steht der „Toutonen-Stein" mit einer Buchstaben-Inschrift, die bis heute rätselhaft ist. Die Pfarrkirche aus dem 14. Jahrhundert (Rotsandstein) zeigt einen Marienaltar von Zacharias Juncker; auch die Kanzel stammt von ihm.
Rund 150 Fachwerkhäuser von unterschiedlichster Bauart gibt es in Miltenberg, die meisten haben gemäß einer städtischen Bauordnung von 1620 ein aus Sandstein gemauertes Erdgeschoß. Das Holz ist vielfach mit Schnitzereien – Sonnen, Blumen und Bändern –

Der Renaissancebrunnen auf dem Marktplatz von Miltenberg (1583).

verziert. Das auffallendste Fachwerkhaus ist der „Riesen“, eins der ältesten Gasthäuser Deutschlands, denn die Wirte können seit 1411 lückenlos nachgewiesen werden. Der jetzige imposante Bau (fünf Geschosse) wurde 1590 als Fürstenherberge errichtet, nachdem der „Rathsfreundt vnd Gastgeb zum Riese“ 100 Eichenstämme zum Ausbau erhalten hatte. 1711 übernachtete Kaiser Karl VI. auf dem Weg zur Krönung in Frankfurt im „Riesen“. Imponierend ist auch das Alte Rathaus von 1320.

In der ehemaligen Amtskellerei am Marktplatz ist das „Museum der Stadt Miltenberg“ untergebracht. Es zeigt unter anderem Fundstücke aus der Römerzeit, bäuerliches Arbeitsgerät, bürgerliche Wohnkultur. Im Juli feiern die Miltenberger ihr Altstadtfest.

Nächste Seite:
Die Miltenberger Pfarrkirche St. Jakob ist aus Rotsandstein erbaut.

Blick von der Miltenburg auf die Stadt und den Main.

HOTEL
HOTEL
FRANKEN

Rechts oben:
Die schönsten Fachwerkhäuser am Marktplatz von Miltenberg.

Rechts unten:
Das Brückentor der Miltenberger Mainbrücke.

Der Schnatterlochturm mit schmalem Durchlaß zum Wald.

Inschrift
an einem Fachwerkhaus.

Der „Riesen“,
eins der ältesten
Gasthäuser Deutschlands.

Mit zwei PS durch
Miltenbergs Hauptstraße.

Von Großheubach nach Obernburg

Großheubach findet großen Zulauf bei seinen Winzerfesten im Juni und August. Das Fachwerkrathaus von 1612 ist ein beliebtes Fotomotiv. Über dem Ort liegt das Franziskanerkloster Engelberg mit Kirche und - natürlich - Klostergaststätte. Bemerkenswert sind die mitten im Wald auf den Parkplätzen stehenden Parkscheinautomaten. Wehe, man betet in der Kirche zu lange! Dann muß man unerbittlich Strafe berappen! Vorsorge dafür zu treffen, indem man weniger in den Opferstock wirft, dürfte den armen Mönchen übel aufstoßen... Immerhin kann man - neben dem Klosterlikör - von Kloster Engelberg aus den schönen Blick auf die Mainlandschaft genießen.

Spätburgunder und Portugieser liefern die Rotweinterrassen von Klingenberg, das sich - unter der Burg Klingenberg - mit engen Gäßchen an einen steil abfallenden Felsen schmiegt. Das Renaissanceschlößchen stammt von 1560 (mit späteren Zubauten), das Rathaus datiert ebenfalls aus dieser Zeit. Der Brunntorturm ist der sichtbarste Rest der alten Stadtbefestigung. Das Weinbaumuseum lädt zum Besuch ein. Das Tonbergwerk ist seit Jahrhunderten in Betrieb.

Auf der anderen Mainseite erstreckt sich Wörth, das aus einem Kastell des Odenwald-Limes hervorgegangen ist. Haupteinnahmequelle der Stadt war in früheren Zeiten die Schiffahrt, sowohl der Schiffsbau als auch das Ladegeschäft. An die Mainschiffahrt von gestern erinnert heute das im alten Rathaus von 1600 untergebrachte „Schiffahrts- und Schiffbaumuseum Wörth am Main". Jahrestag des Wörther Schiffervereins, der am Main einen hohen, mit vielen Reedereiwimpeln geschmückten Stahlmast aufgerichtet hat, ist der Dreikönigstag.

Modernen Schiffbau gibt es in Erlenbach, auf dem Mainufer gegenüber. Die „Bayerische Schiffsbau GmbH" wurde 1918 gegründet. Darüber hinaus ist Erlenbach ein bekannter Weinort mit der Lage „Hochberg".

Das am linken Mainufer gelegene Obernburg ist aus einem römischen Kastell (2. Jahrhundert) hervorgegangen und als solches Mittelpunkt des „nassen" Limes, der mit dem Main von Großkrotzenburg bis Miltenberg identisch war. Von der Stadtbefestigung blieb ein Kranz von sechs Türmen und Toren erhalten; der Almosenturm ist das Wahrzeichen des Ortes. Die Kapelle St. Anna wurde im 13. Jahrhundert gegründet; die Holzfiguren des Hochaltars und im Chor werden in die Würzburger Spätgotik des 16. Jahrhunderts datiert. Das Museum „Römerhaus" zeigt Funde aus dem Kastell Nemaninga (Obernburg).

Figur des Kirchenpatrons Sankt Michael im Giebelfeld der Kirche von Kloster Engelberg.

Oben links:
Ein „naturbelassener“ Weinberg oberhalb von Klingenberg.

Oben rechts:
Das Weinbau- und Heimatmuseum von Klingenberg ist einen Besuch wert.

Links:
Der Echterturm der Pfarrkirche von Klingenberg.

Linke Seite:
Blick auf Kloster Engelberg oberhalb von Großheubach.

Aschaffenburg

Rechte Seite:
Teilansicht des für König Ludwig I. von Bayern erbauten „Pompejanums".

Über Jahrhunderte war der um 500 als alemannische Volksburg „Ascapha" erstmals erwähnte Ort zweite Residenz der Mainzer Erzbischöfe und als solche ihr bevorzugter Sommersitz. Von hier aus unternahm man ebenso zahlreiche wie prächtige Jagden in den Spessart. Von 1803 an gab es das Fürstentum Aschaffenburg unter Fürstprimas Karl Theodor von Dalberg, das jedoch 1810 Bestandteil des Großherzogtums Frankfurt wurde und 1816 an Bayern überging.

Auffälligster Bau im Stadtbild ist Schloß Johannisburg, ganz aus rotem Sandstein zur Zeit von Johann Schweickard von Kronberg 1607–14 erbaut. Seinen Namen trägt es nach dem Patron der Schloßkapelle. Vom gegenüberliegenden Mainufer hat man die beste Aussicht auf die vierflügelige Renaissance-Anlage mit ihren vier wuchtigen Ecktürmen, ihren jeweils drei Geschossen und dreistufigen Zwerchdächern. Die einzige Unregelmäßigkeit ist der integrierte Bergfried der Vorgängerburg aus dem Mittelalter. Nach der vollständigen Zerstörung im Zweiten Weltkrieg wiedererrichtet, sind heute hier unter anderem eine Filiale der Bayerischen Staatsgemäldesammlung, das stadteigene Schloßmuseum und die Hofbibliothek untergebracht. Die Schloßweinstuben laden zu einem guten Tropfen aus der Staatlichen Hofkellerei Würzburg ein.

„Bayerisches Nizza" nannte König Ludwig I. von Bayern, der sich gerne im Sommer hier aufhielt, die Stadt. Begeistert von der Antikenmode, ließ er sich nach dem Vorbild des Hauses von Castor und Pollux, das in Pompeji ausgegraben worden war, eine Villa erbauen (1848 vollendet). Sie steht im Schloßgarten über der Weinlage „Pompejaner", die sich zum Main erstreckt.

Viele Baumeister haben in unterschiedlichen Stilepochen die Stiftskirche St. Peter und Alexander gestaltet, deren erste Erwähnung auf 974 datiert wird. Über eine zweiläufige barocke Treppe steigt man zur Kirche empor, an der gotischen „Maria-Schnee-Kapelle" vorbei; die Vorhalle ist spätromanisch (wie auch der sehenswerte Kreuzgang). Das dreischiffige romanische Langhaus, begleitet von gotischen Kapellen, stammt aus dem 12. Jahrhundert. Das bedeutendste Kunstwerk im Innern ist die „Beweinung" von Matthias Grünewald (um 1525), hinzu kommen die „Auferstehung" von

Das 1778 vollendete Schlößchen im Park Schönbusch.

Lucas Cranach (1520) und das romanische Kruzifix. Im Stiftskapitelhaus neben der Kirche zeigt das Museum kirchliche Kunst aus dem Untermaingebiet und römische Fundstücke.
Der Park Schönbusch, drei Kilometer westlich (bei Nilkheim), wurde von Kurfürst Friedrich Karl von Erthal 1775 als einer der frühesten englischen Gärten in Deutschland angelegt. Ihn ziert ein frühklassizistisches Schlößchen (1778–82).

Links: In den Schloßweinstuben läßt sich's gut lachen.

Links unten: Der alte Bergfried der Vorgängerburg ist in den Bau von Schloß Johannisburg einbezogen worden.

Unten: Hochzeit in der Schloßkapelle Sankt Johannes.

Das Stadtbild von Aschaffenburg prägt das 1607–14 erbaute Schloß Johannisburg.

Yachthafen bei Aschaffenburg.

Linke Seite:
Eine der zahlreichen Eingangspforten im Burghof.

Treppe am Schloß Johannisburg.

Unübersehbar im Stadtbild: Schloß Johannisburg.

Rechte Seite:
Die Basilika Sankt Marcellinus und Petrus in Seligenstadt stammt im Kern aus karolingischer Zeit.

Seligenstadt

Auf dem Gebiet des heutigen Seligenstadt errichteten bereits die Römer im zweiten Jahrhundert nach Christi Geburt ein Kastell. Das fränkische Königsgut schenkte Ludwig der Fromme 815 Einhard, dem fränkischen Geschichtsschreiber und Gelehrten (um 770–840 in Seligenstadt), der sich längere Zeit am Kaiserhof aufgehalten hatte. Einhard errichtete über dem Schrein mit den Gebeinen der Märtyrer Marcellinus und Petrus, die er von seiner Kirche in Steinbach bei Michelstadt mitgebracht hatte, eine Wallfahrtskirche und gründete eine Benediktinerabtei, in der er seine „Vita Caroli Magni" schrieb. Es wird vermutet, daß sich der Name „Seligenstadt" von den Märtyrern ableitet. Die Kirche enthält auch heute noch karolingische Substanz; sie wurde im Lauf der Jahrhunderte mehrfach umgestaltet. So wurde 1868 die Westfront mit ihren zwei

Das Signal zur großen Überfahrt.

Von Ufer zu Ufer: die Fähre von Seligenstadt.

Rechte Seite:
Das Kernkraftwerk von Großkrotzenburg.

Nächste Seite:
Schloß Philippsruhe wurde 1701–13 erbaut.

Türmen abgetragen und in neuromanischem Stil ersetzt (prächtiges fünfstimmiges Geläut). Die Klostergebäude entstammen der Barockzeit. Das Erdgeschoß der Prälatur ist heute Museum (das Kloster wurde 1803 säkularisiert); das Gebäude ist im Inneren prächtig ausgeschmückt. Außen an der Durchreiche der alten Küche, die auch der Armenspeisung diente, kann man die heute stark verwitterte Inschrift lesen:

Herbei zum Haberbrey
Hier in der Suppen hast du der Gersten drey
In dem andern Plechle den Haberbrey
An den Braden dich gantz nit kehr
Droll dich hinweg, dir wirt nit mehr.

Um 1230–40 baute Friedrich II. weiter flußabwärts eine Pfalz, von der die 46 m lange Palasmauer mainseitig erhalten ist. Reste der Stadtbefestigung zeigen sich in drei Türmen und im Steinheimer Tor.

Im Ort, dessen besonderer Reiz in engen Gäßchen und zahlreichen Fachwerkhäusern liegt, erinnert das „Haus zum Einhard" von 1596 an den Klostergründer. Das „Steinerne Haus" in der Großen Rathausgasse stammt aus der Zeit um 1190. 1434 wurde in Seligenstadt der Maler Hans Memling geboren; Matthias Grünewald arbeitete eine Zeitlang hier.
Auf dem Gebiet des gegenüberliegenden Ortes Dettingen wurde während des Österreichischen Erbfolgekrieges (1741–48) eine entscheidende Schlacht geschlagen (1743): Die Allianz aus Engländern und Österreichern besiegte die bayerisch-französischen Truppen. An diesen Sieg erinnert Georg Friedrich Händels „Dettinger Tedeum" von 1743.

Ein barock dekorierter Raum in der ehemaligen Benediktinerabtei von Seligenstadt.

Rechte Seite: Denkmal für die Brüder Grimm vor dem Neustädter Rathaus in Hanau.

Hanau und Offenbach

Hanau ist im Zweiten Weltkrieg fast völlig zerstört worden. Inzwischen ist die Stadt jedoch wieder ein bedeutendes industrielles Zentrum und nennt sich „Stadt des edlen Schmucks". Sie entwickelte sich im 12. Jahrhundert aus einer heute verschwundenen Burg. Besonderen Aufschwung nahm sie, als Graf Wilhelm Ludwig II. von Hanau 1597 wegen ihrer Religion vertriebene Wallonen und Niederländer aufnahm, die das Goldschmiedehandwerk und die Textilbearbeitung mitbrachten. Nach der Aufhebung des Ediktes von Nantes (1685) kamen viele Hugenotten dazu. 1736 fiel Hanau an Hessen-Kassel, 1866 an Preußen.

Am Marktplatz steht das Neustädter Rathaus (1725-33) mit dem Denkmal der Brüder Jacob und Wilhelm Grimm, die 1785/1786 in Hanau geboren wurden. Im „Deutschen Goldschmiedehaus", früher Altstädter Rathaus, einem Fachwerkbau aus dem 16. Jahrhundert, werden Schmuckausstellungen gezeigt.

Zwei Kilometer vom Stadtzentrum entfernt erhebt sich das Sommerschloß Philippsruhe, erbaut 1701-13 für Fürst Philipp Reinhard von Julius Ludwig Rothweil, erweitert 1875-80. Heute beherbergt das in einem imposanten englischen Park gelegene Schloß unter anderem das Standesamt und das Historische Museum der Stadt Hanau.

Wieder zwei Kilometer weiter breitet sich Wilhelmsbad auf einer Fläche von 30 Hektar aus: eine Kuranlage aus dem 18. Jahrhundert, neben sieben Kurbauten reich ausgestattet nach dem Geschmack der damaligen Zeit: Eremitage, Komödienhaus, Pyramide, Ruine, Brunnentempel, Karussell…, alles erbaut für Erbprinz Wilhelm, den ersten Kurfürsten von Hessen-Kassel. Wichtig war das gesellschaftliche Leben und nicht so sehr, ob das Quellwasser tatsächlich heilkräftige Wirkung hatte. Denn als Wilhelm 1785 nach Kassel zog, um sein Amt anzutreten, nahm das Publikumsinteresse rasch ab.

Wie Hanau hat auch Offenbach, die „Stadt der Lederwaren", durch den Zuzug reformierter Glaubensflüchtlinge aus Frankreich großen Aufschwung genommen. Die Stadt wurde im Zweiten Weltkrieg zerstört. Heute schmückt sie sich wieder mit dem prächtigen Isenburger Schloß (1564-72), einem Renaissancebau unmittelbar am Main. Die Internationale Lederwarenmesse findet zweimal jährlich hier statt. Von großem Interesse sind die Offenbacher

Im „Deutschen Goldschmiedehaus" in Hanau werden Schmuckausstellungen gezeigt.

Museen. Das Deutsche Ledermuseum/Deutsche Schuhmuseum zeigt Lederwaren aus aller Welt seit der Zeit der alten Ägypter bis heute, die Bearbeitung des Leders und Fußbekleidung. Das Klingspor-Museum im ehemaligen Büsing-Palais ist ein einzigartiges Dokumentationszentrum für moderne Buch- und Schriftkunst. Im Stadtmuseum kann man sich umfassend über die Offenbacher Stadtgeschichte informieren. Dazu gehört zum Beispiel eine Ausstellung von Offenbacher Fayencen (die Manufaktur bestand von 1739 bis 1829) und eine Spezialsammlung über Alois Senefelder (1771–1834), den Erfinder der Lithographie, der um 1800 in Offenbach lebte und arbeitete.

Karussellpferde
im Schloßpark von Wilhelmsbad.

Formationsschwimmen
im Weiher von Wilhelmsbad.

Kurbauten vom Ende des 18. Jahrhunderts in Wilhelmsbad.

Im Kurpark von Wilhelmsbad.

Künstliche Ruine
im Schloßpark
von Wilhelmsbad.

Pavillon im
Offenbacher Lili-Park.

Das Deutsche Ledermuseum/
Deutsche Schuhmuseum
in Offenbach zeigt
Lederwaren aus aller Welt
seit der Antike.

Rechte Seite:
Alte Lederwerkstatt
im Deutschen Ledermuseum.

Nächste Seite:
Das Isenburger Schloß weist
zur Stadtseite hin prächtige
Renaissance-Arkaden auf.

Exponate des
Klingspor-Museums, des
international renommierten
dokumentarischen Zentrums
für moderne Buch- und
Schriftkunst.

STOP

Rechte Seite:
Ein Löschboot der Frankfurter Feuerwehr bei einer Übung auf dem Main.

Frankfurt – die Mainmetropole

Frankfurts Skyline ist einmalig in der Alten Welt: Im Bankenviertel reiht sich Hochhaus an Hochhaus, und mit dem Messeturm besitzt „Mainhattan" sogar das höchste Bürogebäude in Europa (256 m). Davon abgesehen, daß man sich über die Architektur streiten kann, ist die Bautätigkeit ungebrochen, nicht zuletzt deshalb, weil hier das deutsche Finanz-Herz schlägt: 420 Geldinstitute gibt es in der Stadt; Deutsche Bank, Dresdner Bank, Commerzbank und DG Bank haben in „Bankfurt" ihren Hauptsitz, dazu die Deutsche Bundesbank. Die Frankfurter Börse steht auf gleicher Ebene mit denen in New York, London und Tokyo.

Mit einem jährlichen Passagieraufkommen von über 30 Millionen ist der Frankfurter Flughafen der zweitgrößte in Europa. Im Hinblick auf Luftfracht nimmt er die zweite Stelle in der Welt ein. Auch für Straßen- und Bahnverbindungen ist Frankfurt Verkehrsdrehscheibe.

Eine Vielzahl von Bundes- und Regionalbehörden, von deutschen und ausländischen Versicherungen, Agenturen, Verbänden und Forschungsinstituten ist in Frankfurt angesiedelt; die Johann-Wolfgang-Goethe-Universität zählt über 35000 Studenten. Hinzu kommen die Absolventen von Fachhochschulen und Akademien. Neben anderen ist hier die Deutsche Bibliothek zu Hause.

Frankfurt am Main ist einer der größten deutschen Industriestandorte. Weltunternehmen wie Hoechst, Degussa, die Metallgesellschaft, AEG, Holzmann und die Aktiengesellschaft für Industrie und Verkehrsbeteiligung haben hier ihren Stammsitz. Die Zeil ist die umsatzstärkste Einkaufsstraße in Deutschland. Die Frankfurter Messe-Tradition läßt sich bis ins Mittelalter zurückverfolgen. Automobil-Ausstellung und Buchmesse, „interstoff" und Internationale Musikmesse: In den 10 geräumigen Messehallen wechseln die Ausstellungen während des ganzen Jahres einander ab.

Frankfurt ist auch ein bedeutender Verlagsort. Buchverlage von Rang gibt es und zwei in Deutschland meinungsbildende Tageszeitungen: die Frankfurter Allgemeine Zeitung und die Frankfurter Rundschau. Der Hessische Rundfunk strahlt vier Hörfunkprogramme aus; beliebt sind auch die privaten Radiosender.

Das Leben pulsiert mit allen Licht- und Schattenseiten in der Mainmetropole, die rund 650000 Einwohner hat, von denen rund ein

Ein Schiff wird kommen... und die Frankfurter Obermainbrücke hinter sich lassen.

FEUERWEHR FRANKFU
FRANKFURT
D

Viertel Ausländer sind. Das Bildungsangebot (auch für Erwachsene) ist umfassend; die Sportmöglichkeiten - zu Lande, zu Wasser und auch in der Luft - sind Legion. Frankfurt ist eine Stadt der Superlative ...
Oder doch nicht? Wer wissen möchte, wie die Einheimischen darüber denken, begebe sich „dribbdebach" nach Sachsenhausen in den schattigen Garten einer Ebbelwei-Wirtschaft und frage nach. Bei Ochsenfleisch mit „Grüner Soße" oder einem „Handkäs mit Musik" wird man bald darüber unterrichtet, was es mit Frankfurt wirklich auf sich hat.

Die Frankfurter Skyline nach Sonnenuntergang.

Links oben:
Feuerzauber zum Abschluß des Museumsuferfestes.

Links unten:
Die Pylonspitzen der Flößerbrücke reflektieren die Abendsonne.

Hochwasser: Frankfurt im Main.

Frankfurt: bewegte Geschichte – mitreißende Gegenwart

Frankfurt am Main, Stadt der Kirchen? Eine ungewöhnliche Perspektive! Gleichwohl läßt sich nirgendwo die 1200jährige Geschichte der Stadt so deutlich im Stadtbild ablesen wie hier. Die Anfänge des Doms (so genannt, obwohl Frankfurt nie Bischofssitz war) reichen bis ins 7. Jahrhundert zurück. Die Weihe einer dreischiffigen Basilika ist für das Jahr 852 überliefert. Nach erneutem Umbau weihte man das Gotteshaus 1239 dem heiligen Bartholomäus. Im Dom wurden die Kaiser des Heiligen Römischen Reiches Deutscher Nation gekrönt.

Die Leonhardskirche ist die zweitälteste Kirche, sie stammt von 1219. Die Nikolaikirche (1290) war wahrscheinlich Tagungsstätte des Hofes. Nach der Reformation gebrauchte man sie zu Messezeiten als Warenlager. 1721 wurde sie evangelische Kirche. Die Katharinenkirche (1344) war früher Teil eines Nonnenklosters. Nach der Reformation diente sie als protestantisches Gotteshaus. Am 29. August 1749 wurde hier der berühmteste Sohn der Stadt, Johann Wolfgang Goethe, getauft. Sein Elternhaus im Großen Hirschgraben 23 ist heute Museum und Forschungsstätte.

Die Paulskirche schließlich wurde nach langer Bau- und noch längerer zwischenzeitlicher Verfallzeit 1833 vollendet. Sie war Schauplatz der ersten deutschen Nationalversammlung von 1848/49. Im Zweiten Weltkrieg zerstört,

Der Bolongaro-Palast in Höchst wurde 1772–75 erbaut.

Der großartige Park
des Bolongaro-Palastes
erstreckt sich in
Richtung Main.

Graureiher nisten
am Mainufer bei Griesheim.

An der Mündung der Nidda in den Main.

Rechte Seite: Porzellanfiguren im Museum für Höchster Geschichte.

Eine sichere Hand ist für die Arbeit in der Höchster Porzellanmanufaktur erforderlich.

wurde sie nach dem Wiederaufbau zur nationalen Gedenkstätte umgewidmet.
Ein herausragendes profanes Bauwerk im Stadtbild ist das Rathaus auf dem Römerberg mitsamt den umliegenden Fachwerkhäusern. Der Name Römer stammt von einer Familie gleichen Namens. Der Kaisersaal – geschmückt mit 52 Bildern der Kaiser von Karl dem Großen bis zu Franz II. – war der Bankettsaal während der Krönungsfeierlichkeiten. Heute tragen sich hier zum Beispiel die prominenten Gäste der Stadt ins Goldene Buch ein. Vom Römer sind es nur wenige Schritte bis zum Eisernen Steg, der Fußgängerbrücke von 1868 nach „Dribbdebach", wie die Frankfurter die Sachsenhäuser Mainseite nennen.
Die Hauptwache wurde 1729/30 als Wachlokal für das städtische Militär erbaut und war auch Gefängnis. 1903 hatte sie ausgedient; seit 1905 ist sie Kaffeehaus. Die alte Stadtmauer besaß rund 50 Türme. Der mit 47 Metern höchste hat die Zeiten überdauert: der Eschenheimer Turm. Auffallend im Stadtbild sind auch die alten Wachtürme: Sachsenhäuser, Bockenheimer, Friedberger und Gallus-Warte.

Die Frankfurter Kultur ist heute lebendig wie eh und je. Nicht weniger als 20 Theater spielen in Frankfurt, und die Zahl der Museen liegt bei 40, darunter so bemerkenswerte wie das Städelsche Kunstinstitut, das Deutsche Architekturmuseum und das Museum für Kunsthandwerk, die Kunsthalle Schirn und das Naturkundemuseum Senckenberg. Die Alte Oper, 1880 feierlich eröffnet, bietet Konzerte, Theater, Vorführungen aller Art, ebenso natürlich die Festhalle auf dem Messegelände und die Höchster Jahrhunderthalle. Wer sich lieber draußen aufhält, dem seien die zahlreichen Frankfurter Volksfeste angeraten: Dippemess, Mainfest, Museumsuferfest und natürlich der Frankfurter Nationalfeiertag, der Wäldchestag am Dienstag nach Pfingsten, wenn alle (oder fast alle) Städter in den Stadtwald zum Oberforsthaus ziehen, um es sich in jeder Hinsicht gut gehen zu lassen. Auch die zahlreichen Parks sind beliebte Aufenthaltsorte im Freien, dazu auch Zoo und der großartige Palmengarten.

Oben:
Die Höchster Jahrhunderthalle von 1963
hat einen Kuppeldurchmesser von 90 Metern.

Unten:
In den erhaltenen Teilen
des kurmainzischen Schlosses
ist heute das Museum für
Höchster Geschichte untergebracht.

Ein Kohlenfrachter in der Schleuse von Griesheim.

Rechte Seite oben:
Die Hochheimer Pfarrkirche Sankt Peter und Paul blickt auf ein weites Rebenmeer.

Von Höchst bis zur Mündung in den Rhein

An der Mündung der Nidda in den Main liegt Höchst, das seit 1928 zu Frankfurt gehört. Geprägt wird der Ort durch die gewaltigen Industrieanlagen der Hoechst AG (gegründet 1863), des größten deutschen Chemiekonzerns. Hier werden unter anderem Arzneimittel, Farben, Tenside, Chemiefasern, Kunststoffe und Düngemittel hergestellt.

Der Ort selbst wird 790 zum erstenmal erwähnt, vorher gab es allerdings schon ein Römerlager an dieser Stelle. Höchst war seit 849 kurmainzisch; die Stadtrechte erhielt es 1355. Die Justinuskirche wurde um 800 als dreischiffige Basilika erbaut und im Lauf der Zeit mehrfach verändert. Nahe der Kirche sind Reste der Stadtbefestigung am Main sowie Teile des kurmainzischen Schlosses. Für Antiquitätenkenner ist die Höchster Porzellanmanufaktur ein Begriff, die 1746 gegründet wurde und bis 1796 bestand. Ihre Blütezeit erlebte sie 1767–79 unter Johann Peter Melchior, der bei Kleinplastiken und Medaillons zu einem eigenen Stil fand; hier zu sehen im Museum für Höchster Geschichte.

Der auffälligste Bau in Höchst ist der Bolongaro-Palast, dessen Park sich zum Fluß erstreckt (1772–75). Joseph Maria Markus Bolongaro und seine Brüder stammten aus Stresa am Lago Maggiore und handelten mit Schnupftabak, Kaffee, Tee und Wein. Auch als Bankiers waren sie tätig. Sie bemühten sich jahrelang um das Frankfurter Bürgerrecht. Da es ihnen vorenthalten wurde, kamen sie nach Höchst, wo sie 1771 den kurmainzischen Bürgerbrief erhielten. Heute residiert die Stadtverwaltung im imposanten schloßartigen Gebäude.

Wer Rüsselsheim sagt, meint heute Opel. Aus der kleinen Nähmaschinenfabrik, die Adam und sein Bruder Georg Opel Ende der sechziger Jahre des vergangenen Jahrhunderts in einem ausgedienten Kuhstall eingerichtet hatten, entwickelte sich – über die Produktion von Fahrrädern – eines der größten europäischen Automobilwerke.

Bedeutung hatte Rüsselsheim indessen schon als hessische Festung im 16. Jahrhundert. Während des Schmalkaldischen Krieges 1547 hielt sie allen Angriffen stand. Im Pfälzischen Erbfolgekrieg sprengten die Franzosen sie dann allerdings (1689).

Von der Autohalde nach wenigen Kilometern mitten in die Weinberge: Der Weinort Hoch-

Die Schmiede von Jakob Jourdan von 1918 ist im Museum der Stadt Rüsselsheim zu sehen.

Rechte Seite:
Der Keltenspiegel
im Hochheimer
Otto-Schwabe-Museum.

heim, der bereits zum Rheingau zählt, lockt mit seinen Lagen „Königin-Victoria-Berg", „Domdechaney" oder „Herrnberg". Hochheim besitzt ein reizvolles Ortsbild mit der „Hochheimer Madonna". Die Deckenfresken der Pfarrkirche St. Peter und Paul stammen von Johann Baptist Enderle aus Ulm (1775). Sehenswert ist das Otto-Schwabe-Museum, ein Heimatmuseum im ehemaligen Dalberger Klosterhof, dessen Prunkstück ein Bronzespiegel aus einem keltischen Fürstengrab ist.
Der Main mündet völlig unspektakulär in den Rhein. Hier gibt es kein Deutsches Eck (wie bei der Moselmündung in Koblenz), keine Aussichtsplattform, keinen Souvenirladen. Der Main verabschiedet sich ohne Aufhebens, und nach wenigen hundert Metern – schon vor der Mainzer Theodor-Heuss-Brücke – hat er sein Wasser mit den Fluten des Rheins vermischt...

Nächste Seite:
Am Ziel: Vor der Kulisse
von Mainz mündet
der Main in den Rhein.

Die Hochheimer Madonna
wurde
als Bürgerstiftung
im Jahr 1770 aufgestellt.

Wein und Rosen an einem
Haus in Hochheim.

Literaturhinweise

Es gibt zahlreiche regionale und örtliche Wander- und Radwanderführer, Bestandskataloge von Museen, Strecken- und Ortsbeschreibungen. Zu jeder touristischen Sehenswürdigkeit sind erklärende Broschüren erhältlich. Karten sind in jedem gewünschten Maßstab vorhanden.

Wolfgang Lechthaler und Günter Mick: Frankfurt am Main – Herzstück Europas. Frankfurt 1992.

Franz Prinz zu Sayn-Wittgenstein: Der Main. München 1963.

Albrecht Cropp und Carlheinz Gräter: Der Main. Frankfurt 1985.

Werner Dettelbacher: Franken – Kunst, Geschichte und Landschaft, Köln 1988.

Peter Stadelmayer, Carlheinz Gräter und Werner Dettelbacher: Mainfranken. München 1984.

Polyglott Reiseführer Franken, Würzburg/Unterfranken, Frankfurt/Rhein-Main-Gebiet.

Die Autoren

Arno Kappler, Jahrgang 1944, studierte Vergleichende Literaturwissenschaft in Bonn (Dr. phil.), arbeitet als Verlagslektor und ist Autor zahlreicher Veröffentlichungen, u.a. „Der Rhein", „Die Mosel" und „Der Taunus" (zusammen mit Wolfgang Lechthaler).

Wolfgang Lechthaler, Jahrgang 1942, ist technischer Angestellter und leidenschaftlicher Fotograf, auch im Bereich der experimentellen Fotografie. Er beteiligt sich an Ausstellungen des Deutschen Verbandes für Fotografie (DVF). Im Societäts-Verlag veröffentlichte er die Bildbände: „Frankfurt am Main – Herzstück Europas" und „Der Taunus" (zusammen mit Arno Kappler).